ACCESO GRATIS *a la Lectura en la Nube*

Para visualizar el libro electrónico en la nube de lectura envíe junto a su nombre y apellidos una fotografía del código de barras situado en la contraportada del libro y otra del ticket de compra a la dirección:

ebooktirant@tirant.com

En un máximo de 72 horas laborales le enviaremos el código de acceso con sus instrucciones.

EL ECOCIDIO COMO CRIMEN INTERNACIONAL

Viabilidad teórica y propuesta

EL ECOCIDIO COMO CRIMEN INTERNACIONAL

Viabilidad teórica y propuesta

Jenny Andrea Varela Tabares

tirant lo blanch
Valencia, 2025

En caso de erratas y actualizaciones, la Editorial Tirant lo Blanch publicará la pertinente corrección en la página web www.tirant.com.

Director de la Colección:

JOSÉ LUIS GONZÁLEZ CUSSAC

Catedrático de Derecho Penal

Universitat de València

EDITA: TIRANT LO BLANCH
C/ Artes Gráficas, 14 - 46010 - Valencia
TELFS.: 96/361 00 48 - 50
FAX: 96/369 41 51
Email: tlb@tirant.com
www.tirant.com
Librería virtual: www.tirant.es
DEPÓSITO LEGAL: V-3036-2025
ISBN: 979-13-7010-780-2
MAQUETA: Tink Factoría de Color

Si tiene alguna queja o sugerencia, envíenos un mail a: *atencioncliente@tirant.com*. En caso de no ser atendida su sugerencia, por favor, lea en *www.tirant.net/index.php/empresa/politicas-de-empresa* nuestro procedimiento de quejas.

Responsabilidad Social Corporativa: http://www.tirant.net/Docs/RSCTirant.pdf

Índice

Agradecimientos

El presente trabajo es resultado de la investigación de la tesis doctoral aprobada y leída el 7 de mayo de 2025, dentro del programa del Doctorado en Derecho, Ciencia Política y Criminología de la Facultad de Derecho de la Universidad de Valencia. Obtuvo la máxima calificación académica ante un tribunal formado por: Dra. Ángela Matallín Evangelio; Dra. Elena Núñez Castaño, y Dr. Esteban Morelle Hungría.

El Director fue el Profesor Dr. José Luis González Cussac. Catedrático Derecho Penal (Instituto de Criminología y Ciencias Penales, y, Departamento de Derecho Penal, Facultad de Derecho, Universidad de Valencia).

A todos quiero expresar mi más sincero agradecimiento.

La autora

Siglas

CPI	Corte Penal Internacional
DIH	Derecho Internacional Humanitario
CIJ	Corte Internacional de Justicia
CIDH	Comisión Interamericana de Derechos Humanos
CorteIDH	Corte Interamericana de Derechos Humanos
DPI	Derecho Penal Internacional
ONU	Organización de Naciones Unidas
OIT	Organización Internacional del Trabajo
TEDH	Tribunal Europeo de Derechos Humanos
OMS	Organización Mundial de la Salud
IPCC	Intergovernmental Panel on Climate Change, en español: Grupo Intergubernamental de Expertos sobre el Cambio Climático.
ER	Estatuto de Roma
ONG'S	Organizaciones no Gubernamentales
CEDH	Convenio Europeo de Derechos Humanos
OEA	Organización de Estados Americanos
SIDH	Sistema Americano de Derechos Humanos
DESC	Derechos Económicos, Sociales y Culturales
CADH	Convención Americana de Derechos Humanos
PIDESC	Pacto Internacional de Derechos Económicos, sociales y culturales.
OMC	Organización Mundial del Comercio.
UE	Unión Europea.
DIP	Derecho Internacional Público.

JCE	Joint Criminal Enterprise (empresa criminal conjunta).
CDI o ILC	Comisión de Derecho Internacional.
DDHH	Derechos Humanos.

Introducción

El cambio climático causado por la actividad humana *"es la mayor y más generalizada amenaza para el medio natural y las sociedades humanas que el mundo haya experimentado jamás"* (Relator Especial sobre la promoción y la protección de los derechos humanos en el contexto del cambio climático, 2022).

La Corte Penal Internacional, en adelante CPI, como el Tribunal más importante de derecho penal internacional que persigue y enjuicia a las personas naturales que han cometido graves crímenes contra la humanidad y que se enmarquen como: Crímenes de Guerra, Crímenes de Lesa Humanidad, Agresión o Genocidio; ha quedado reducido frente a las nuevas formas de criminalidad organizada.

Las empresas, quienes como personas jurídicas que cuentan con estructuras jerarquizadas y complejos sistemas corporativos, escapan a la responsabilidad penal internacional aun cuando son en la actualidad, quienes han producido daños irreparables en el medio ambiente y ecosistemas que son imposibles de recuperar. El desequilibrio ambiental generado por las graves afectaciones por los entes corporativos queda en su mayoría en la impunidad.

Sin embargo, la preocupación internacional aumenta y algunos Estados han incluido en su derecho doméstico, disposiciones para perseguir y sancionar a personas naturales y jurídicas que atenten contra el medio ambiente. Por su parte, Tribunales internacionales como la Corte Interamericana de Derechos Humanos, han condenado a Estados por su aquiescencia con actividades extractivas de recursos naturales que han producido graves daños tanto a las generaciones actuales como a las futuras.

En efecto, no solo las personas jurídicas de naturaleza privada podrían ser responsables de graves daños ambientales, las instituciones, los Estados y por supuesto las personas naturales también. La dificultad está en determinar la intencionalidad del victimario para producir un daño de bastas proporciones, tener el conocimiento y la capacidad de ejecutarlo.

Sin duda alguna, la industrialización y la modernización han traído consigo nuevas formas de criminalidad. El desarrollo económico ligado a las diferentes transformaciones culturales y estructurales de una sociedad, tienen implicaciones criminológicas especialmente desde 1990 (Jarrett, Nathan W, & Graham, 2018, pág. 206).

Las actividades empresariales y los daños ambientales repercuten en todos los derechos humanos, desde la salud hasta la vida, la vivienda y la alimentación (Consejo de Derechos Humanos, 2008, págs. 3, 4).

La práctica ha demostrado también la nula o poca sensibilidad que la mayor parte de la sociedad tiene con el medio ambiente. Al fallar la administración en garantizar el respeto al medio ambiente y la sociedad al exigir su cumplimiento, se tendrá que recurrir a la norma penal (Vercher Noguera, 2018, pág. 344).

Por tanto, resulta entonces idóneo considerar un crimen que responda a dos cuestiones precisas: i. El modo de sofisticación de la criminalidad, valiéndose de complejos esquemas corporativos que, por el grado de especialidad y profesionalismo del perpetrador, este conoce hasta el modo de escapar de la sanción penal y ii), en ese mismo sentido, que el crimen penalice a cualquier perpetrador, cualquiera que sea su procedencia socioeconómica, lugar de comisión o modo de ejecución.

Es decir, no solo estamos frente a una falta de persecución y judicialización de los ataques de gran envergadura contra el medio ambiente, por no existir crimen internacional alguno que disponga su investigación, sino además, frente a una compleja discusión sobre la modificación del Estatuto de Roma que faculte a la CPI para perseguir y condenar a los máximos responsables de daños medioambientales, cualquiera que sea su posición social o económica, o por más compleja y estructurada que sea su entramado criminal, sea como persona natural, jurídica, política, estatal u organización transnacional criminal o empresarial.

Algunos autores incluso han indicado que la tipificación del Ecocidio, aunque podría ser remedio a la impunidad ambiental, su eficacia será limitada hasta que no se establezcan mecanismos que garanticen al Derecho Internacional vincular Estados y estos consientan sujetarse a aquel (Fernández-Hernández, 2024, pág. 1).

Claramente esta es una preocupación que ha surgido desde el inicio del derecho internacional, pero éste, por ser un "derecho joven" en comparación con el derecho civil que data de los romanos, muchas de sus directrices aún necesitan consolidarse más.

Esta investigación tratará sobre la cuestión en punto a la viabilidad de positivizar en el Estatuto de Roma (ER) el crimen de Ecocidio, como aquel que permitirá perseguir y condenar a los máximos criminales internaciones contra el medio ambiente.

En tal aspecto, el crimen de Ecocidio no solo se ajusta a los procedimientos que el derecho consuetudinario ha tenido con los demás crímenes internacional hoy positivizados en el Estatuto de Roma, sino que es absolutamente necesario su incorporación en este, a fin de garantizar el ejercicio de los derechos humanos, cesar los efectos adversos en el medio ambiente que pongan en peligro inminente la existencia de los ecosistemas, la vida humana, animal y vegetal; así como condenar a los responsables internacionales de la manera más expedita posible en el escenario internacional.

Sobre la efectividad que podría tener la CPI frente a la investigación y condena del eventual crimen de Ecocidio, se planteará la discusión a futuro de cambiar la naturaleza de la jurisdicción complementaria que actualmente tiene la CPI a la jurisdicción universal. De hecho, la elaboración del crimen de Ecocidio vincula necesariamente la efectividad de la persecución del crimen y ello entonces estaría relacionado con la competencia y alcance de la CPI.

No obstante, no se ahondará en la modificación del Estatuto de Roma a jurisdicción universal porque este tema ameritaría una segunda investigación. Aquí simplemente se dejarán sentadas las bases para investigaciones futuras a partir de la creación de un nuevo crimen internacional que se centra en la responsabilidad sobre graves daños causados al medio ambiente y no únicamente al ser humano, como históricamente se ha planteado con los demás crímenes internacionales.

Del estudio de los elementos del crimen de Ecocidio y los potenciales perpetradores se propondrán algunos otros artículos que el Estatuto de Roma también debería incorporar, específicamente en clave a la responsabilidad penal a personas jurídicas y Estados.

En consecuencia, esta investigación pretende acercarse al Ecocidio, como un posible quinto crimen de la Corte Penal Internacional iniciando por entender por qué es importante que, dadas las condiciones actuales, se investigue y condene los graves daños al medio ambiente; continuando por reunir y describir los elementos de contexto que dicho crimen debería incluir en su definición y actos subyacentes. Asimismo, las formas de comisión del crimen según las figuras de responsabilidad penal del derecho consuetudinario y del Estatuto de Roma que puedan darse en este nuevo crimen.

Por último, realizar una propuesta final del crimen de Ecocidio y abrir el debate sobre la modificación del Estatuto de Roma para incluir a su vez la responsabilidad penal a personas jurídicas y Estados de manera directa. En igual sentido, la modificación de la jurisdicción actual de la CPI de complementaria a universal, considerando que, para una eficacia real de este importante instrumento, es menester reconfigurar su actual competencia.

La investigación entonces versará sobre tres capítulos. El primero de ellos tendrá tres subacápites: antecedentes, definición e importancia. Aquí iniciaré con un estudio histórico de los principales instrumentos internacionales expedidos por organismos internacionales creados con posterioridad a la Segunda Guerra Mundial, específicamente, se abordarán los que atañen a los crímenes internacionales y los proyectos de convenciones que trataron asuntos ambientales. Estos más que todo figuran a partir de la década de los 70's.

En *definición* se citarán las principales nociones jurídicas que doctrinantes han elaborado para un posible crimen de Ecocidio, desde la primera de Polly Higgins en 2010, hasta la del Panel de Expertos de 2021, que serán las piezas fundamentales para la construcción final y propuesta del crimen de Ecocidio que se analizará en el capítulo 3.

En *importancia* de la creación del crimen de Ecocidio se identificarán los aspectos principales que llevan a considerar apremiante la modificación del Estatuto de Roma para incorporar un nuevo crimen internacional que haga frente a la emergencia y cambio climáticos que ha sido ocasionados por las actividades humanas. En virtud de esto, se explicará cómo, a través del derecho penal internacional, se podría dar una respuesta universal y pronta para detener, mitigar o remediar los graves daños causados al medio ambiente, encaminándose esfuerzos por condenar a los máximos responsables de aquellos para salvaguardar intereses de la comunidad internacional.

En el segundo capítulo encontraremos un panorama mundial de la defensa que ha recibido el medio ambiente natural. De esta forma, nos acercaremos a distintos sistemas jurídicos que han proferido decisiones, conceptos o jurisprudencia en asuntos medioambientales. En su mayoría, estos sistemas son de protección de los derechos humanos-DDHH.

Este capítulo es fundamental para entender la relación entre derechos humanos y el derecho penal internacional particularmente con el Ecocidio pues, de plantearse el crimen de Ecocidio, éste tendría fundamento en la protección y pleno goce de los derechos humanos que se puede alcanzar siempre y cuando se cuente con un medio ambiente sano, con ecosistemas que permitan la evolución humana, social y cultural y cuyo respeto se ha soportado en el reconocimiento del medio ambiente sano como derecho humano donde la protección de los Estados ha escalado desde una costumbre internacional (dada por la práctica de los Estados y comunidades en proteger cada vez más el medio ambiente natural), a norma *ius cogens.*

El tercer y último capítulo es el núcleo central de esta investigación, tiene como propósito iniciar con un estudio *lege lata* en lo que respecta a la definición más actualizada de Ecocidio, dada por el Panel de Expertos Independientes en 2021 y sobre los elementos materiales y mentales de los crímenes internacionales qué, tanto la doctrina como la jurisprudencia, en derecho positivo y consuetudinario, permiten determinar las posibles modalidades de autoría y participación en las que podría darse el crimen de Ecocidio, los actos subyacentes, elementos de contexto y potenciales responsables.

A la altura de los ítems 3.6, 3.6.1 y 3.7 se tendrá un análisis de *lege ferenda* del Estatuto de Roma que se argumentará en todo el documento, pero se condensará en estos apartados y conducirá a dar una propuesta final sobre una definición del Ecocidio, los actos subyacentes, formas de comisión y estado mental del o los perpetradores.

Si bien desde 2010, con Polly Higgins los graves daños al medio ambiente natural pretenden lograr una definición y connotación jurídica con el título de Ecocidio, a la fecha no es la única que se ha precisado. Incluso, en lo que respecta a esta investigación, el crimen de Ecocidio que se propone incorporar en la redacción modificada y final del Estatuto de Roma es la siguiente:

> **Artículo 8 Ter.– Crimen de Ecocidio**
> 1. A los efectos del presente Estatuto, se comete "crimen de Ecocidio" cuando se presenten actos ilícitos o injustificados que produzcan daños graves, generalizados, sistemáticos o de largo plazo al medio ambiente,

> con conocimiento de que existe una probabilidad sustancial de que ocasione un efecto adverso potencial o real sobre el medio ambiente o se asuma el riesgo que se produzca, aun teniendo otras alternativas para evitar su ocurrencia.

La anterior definición es propia, resultado del análisis cualitativo de *lege ferenda* (como se indicó) al cual se llega a partir de un método deductivo, hermenéutico, histórico, de derecho comparado, internacional y de *lege lata* que permitió consolidar en esta definición, los elementos más relevantes y amplios que el Ecocidio como crimen internacional debe contener.

Se tomaron como base los conceptos dados por Polly Higgins y sobre todo la del Panel de Expertos Independientes qué, en 2021, consolidaron la definición más actualizada del Ecocidio, siendo apenas complementada por otras posturas e instrumentos como las Directivas de la Unión Europea que finalmente fueron incorporadas por mí en esta redacción final.

Los actos subyacentes que conforman el concepto total del crimen de Ecocidio y sus modalidades, fueron obtenidos de los borradores de Convenciones contra el Ecocidio, directrices del Parlamento Europeo y doctrina internacional. La definición final y completa se encuentra en los apartados 3.6 y 3.6.1 de este documento y se analizará en detalle cada aspecto de la precitada definición.

La metodología empleada en la presente investigación es netamente cualitativa, donde se combinan métodos hermenéuticos, deductivos, de *lege lata, lege ferenda,* histórico, comparado e internacional, tal y como se había mencionado. El resultado final de esta producción académica es contribuir al derecho penal internacional y la protección de los derechos humanos desde una perspectiva científica de connotación jurídica.

Este es sólo un punto de partida para varias líneas de investigación que puedan surgir a raíz de la definición jurídica del Ecocidio y su viabilidad normativa. Algunas de ellas serán expuestas al final del documento.

Como aclaración inicial, esta investigación empleó algunos términos del derecho penal doméstico, tales como: riesgo concreto, dolo eventual y bien jurídico; Sin embargo, estos conceptos no son usados por la CPI ni por el derecho consuetudinario, fueron usados con fines explicativos y mejor entendimiento del lector.

En igual sentido, reiteradamente se menciona el Derecho Penal Internacional DPI para hacer alusión a la evolución jurisprudencial y normativa tanto de la CPI como de los Tribunal *Ad Hoc*. Tratando de ubicar el Ecocidio como consigna del desarrollo de los sistemas jurídicos de *common law* y *civil law*, de jurisdicciones universales accesibles y pertenecientes a todos los seres humanos, sin discriminar continentes ni figuras exclusivas de aparatos normativos. Por consiguiente, al referirme al DPI se entiende que es el mismo Derecho Internacional Penal DIP.

Capítulo 1

El Ecocidio

Cada día el ser humano es más consciente de los efectos del cambio climático y el calentamiento global en la vida cotidiana. El 2023, registró cifras históricas sobre el verano más caluroso de los últimos tiempos y el panorama parece empeorar (Naciones Unidas, 2023).

La preocupación internacional sobre los impactos del cambio climático en las generaciones actuales y futuras de todas las especies de la tierra, animales y vegetales ha sido de especial relevancia desde los años 70's, comprendiendo qué, en el ámbito del derecho internacional humanitario, la guerra se ha ido extendiendo desde lo estrictamente humanitario a lo medio ambiental (Soler Fernández, 2017, pág. 6). Sin embargo, pese a los esfuerzos de activistas, de Organizaciones no Gubernamentales, Organismos Internacionales y Estados, hoy en día no se cuenta con un mecanismo lo suficientemente capaz de hacerle frente al desmedido daño ambiental del planeta tierra, lo que en últimas ha conducido al cambio climático y sus devastadoras consecuencias.

Todo lo anterior producido por el ser humano, quien, en su afán de beneficio inmediato sobre su calidad de vida, ha soslayado el bienestar de generaciones venideras y el desarrollo sostenible (Serra Palao, 2019, págs. 26, 27), elevando la gravedad de la incidencia internacional que ha llevado a sustituir los términos "cambio climático" a "crisis climática" y más recientemente, "emergencia climática". Crisis que ha sido provocada por todos. (Sanz Rubiales, 2020, pág. 62).

Aun cuando algunas naciones, defensores de derechos humanos, activistas y organizaciones internacionales propugnen por contrarrestar el fatal destino al que nos dirigimos, las sanciones administrativas contra empresas, personas naturales e incluso Estados, tardan años en materializarse mientras que las secuelas de sus acciones u omisiones permanecen en el tiempo, dejando multiplicidad de víctimas.

Los ordenamientos jurídicos internos de los Estados y su permisividad (o incapacidad) demuestran que no están siendo lo suficientemente efectivos que deberían ser en materia medio ambiental. En el derecho internacional constituye el motivo central de atención (Fernández-Hernández, 2024, pág. 3).

En el derecho doméstico, la propia actuación sancionadora de la Administración ha resultado ineficaz por no poder asegurar la vigencia del ordenamiento en la materia cuando se analizan delitos cuyo bien jurídico protegido son los recursos naturales y el medio ambiente, lo que ha propiciado la creación de tipos penales por el legislador, donde se busca tutelar el medio ambiente y no la normativa ambiental. Ello porque el bien jurídico no es la norma protectora sino lo que se protege por medio de ella (Vercher Noguera, 2024, pág. 56).

Sin duda, la sociedad ha evolucionado a pasos enormes en las últimas décadas y de igual forma lo hace el crimen. No obstante, las estructuras tradicionales del derecho penal y las dinámicas criminales del siglo XX, ya no se ajustan con las principales demandas de prevención, control y sanción del crimen que actualmente se presentan.

El derecho penal en su esquema tradicional sobre las modalidades criminales no ha evolucionado tan rápido como lo ha hecho el mismo crimen, por tanto, es momento de actualizar también la manera de prevenir el crimen y combatirlo. En virtud de ello, el presente capítulo mostrará al lector una de las alternativas que aún no ha sido estrictamente incluida como norma *Hard law,* pero qué de hacerlo, podría reforzar la prevención especial y general, como fines de la sanción penal a la vez que le regresaría un ápice de esperanza a las generaciones futuras.

Por lo anterior, se iniciará delimitando cuál ha sido el origen del Ecocidio, qué es y cuál es su importancia. El objetivo de este apartado es identificar que sí resulta viable plantearnos la creación de un quinto Crimen de competencia de la Corte Penal Internacional bajo el título de Ecocidio. Los elementos de contexto serán analizados en el capítulo 3.

1.1. ORIGEN

No es la primera vez que la protección al medio ambiente y los daños ambientales acaparan la atención de la comunidad internacional. En principio, se consideró incluir un crimen internacional en el Estatuto de Roma que sancionara y judicializara a las personas naturales que atentaran y afectaran gravemente al medio ambiente y cuyos daños fueran de tan bastas magnitudes, que la vida humana actual estuviere expuesta a un inminente riesgo de extinción, así como las generaciones futuras.

De hecho, en 1973, Richard Falk propuso una Convención Internacional sobre el Crimen de Ecocidio, acogiendo el término que fue acuñado en 1970 por Arthur Galston, al considerar que el daño ambiental resultante de la guerra de Vietnam fue tan significativo, que presentaba una oportunidad comparable a Núremberg para prohibir la destrucción ambiental durante tiempos de guerra (Minkova, 2023, pág. 69). Sin embargo, su propuesta no fue acogida.

En los actos preparatorios del Estatuto de Roma, que dio origen al máximo Tribunal permanente de derecho Penal Internacional conocido como la Corte Penal Internacional (CPI), se debatió sobre la posibilidad de incluir un crimen internacional que protegiera de manera directa al medio ambiente o, como algunos instrumentos internacionales denominan, el medio ambiente natural. Al contrario, dos de los redactores del proyecto del Estatuto dudaban del apoyo de algunos Estados para incluir lo que sería el Artículo 8 (2) (b) (iv) sin hacer alusión a cuáles Estados eran, lo que condujo a que finalmente no fuese incluido (Minkova, 2023, pág. 70).

En 1985, durante un debate de la conveniencia de ampliar la Convención sobre el Genocidio se propuso la criminalización de los daños ambientales, pero la Subcomisión de Prevención de Discriminaciones y Protección a las Minorías con argumentos que aún hoy no están claros, decidió no penalizarlo (Minkova, 2023, pág. 69).

De otro lado, es entre 1984 y 1996, que se podría ubicar el mayor debate sobre la inclusión del Ecocidio en la lista de crímenes contra la paz que comprendía la conducta como: *"un individuo que intencionalmente cause u ordene causar daños generalizados, duraderos y graves al medio ambiente natural"*. Además, se pensó situarlo en el Proyecto de Código de Crímenes contra la Paz y la Seguridad de la Humanidad, en el acápite sobre la Responsabilidad del Estado que prohibía *"daños intencionales y graves al medio ambiente"*, en todo caso, una vez más fue desestimada la causa, en esta ocasión por la Comisión de Derecho Internacional (Minkova, 2023, pág. 69).

Aunque en el proyecto de Código de Crímenes contra la Paz y la Seguridad de la Humanidad, antecedente inmediato del Estatuto de Roma, se contaba con un apoyo abrumador por muchos países para que el Ecocidio figurara en el Artículo 26 como crimen contra el medio ambiente, fue excluido en 1995 por la Comisión de Derecho Internacional. La propuesta fue eliminada unilateralmente de la noche a la mañana sin registro de por qué ocurrió esto y tan solo con la premisa que, en 1993, cuando se debatió excluir el Ecocidio, los países que se habían opuesto en ese entonces a su inclusión eran: Países Bajos, Reino Unido y Estados Unidos (Gauger, Pouye Rabatel-Fernel, Kulbicki, Short, & Higgins, 2012, pág. 2).

El texto final del Estatuto de Roma solo consideró el crimen cometido contra el medio ambiente, como una de las conductas en la que se podría configurar el crimen de Guerra (Tekayak, 2016, pág. 7) y de los borradores de la

Comisión de Derecho Internacional, fueron excluidos definitivamente (Pérez Vaquero, 2009, pág. 26).

De este modo, se entiende que para el derecho penal internacional los daños al medio ambiente natural tienen consideración únicamente en los crímenes de Guerra, lo que implica i) que se debe demostrar el contexto de conflicto armado, ii) que las personas jurídicas y los Estados de manera directa no responden por daños al medio ambiente y no son judicializables por ello, y iii) que no se protege la vida de los ecosistemas en sí, sino las lesiones a la vida humana actual, que deriven de una acción dada de conformidad con lo dispuesto en el Articulo 8 Numeral 2 iv del Estatuto de Roma.

Estipula el Artículo 8 del Estatuto de Roma,

> *Crímenes de guerra*
>
> 1. La Corte tendrá competencia respecto de los crímenes de guerra en particular cuando se cometan como parte de un plan o política o como parte de la comisión en gran escala de tales crímenes.
> 2. A los efectos del presente Estatuto, se entiende por "crímenes de guerra":
> (…)
> Lanzar un ataque intencionalmente, a sabiendas de que causará pérdidas incidentales de vidas, lesiones a civiles o daños a bienes de carácter civil o daños extensos, duraderos y graves al medio ambiente natural que serían manifiestamente excesivos en relación con la ventaja militar concreta y directa de conjunto que se prevea; (…). (Estatuto de Roma, 1998) (subrayado fuera del texto original).

En consecuencia, si el tratamiento que ha recibido por parte del derecho penal internacional los daños al medio ambiente está ligado a los crímenes de guerra y su contexto, el Derecho Internacional Humanitario y, por ende, el derecho Internacional, también han de tener un alcance en él.

No obstante, de los Convenios de Ginebra y sus Protocolos adicionales se tiene que sólo el Artículo 55 del Protocolo adicional I, relativo a la protección de las víctimas de los conflictos armados internacionales, menciona los daños ambientales de manera directa así:

> **Artículo 55.– Protección del medio ambiente natural**
> 1. En la realización de la guerra se velará por la protección del medio ambiente natural contra daños extensos, duraderos y graves. Esta protección incluye la prohibición de emplear métodos o medios de hacer la guerra que hayan sido concebidos para causar o de los que quepa prever que causen tales daños al medio ambiente natural, comprometiendo así la salud o la supervivencia de la población.
> 2. Quedan prohibidos los ataques contra el medio ambiente natural como represalias. (Protocolo I Adicional a los Convenios de Ginebra relativo a la protección de víctimas de los conflictos armados internacionales, 1977).

El Protocolo II sobre conflictos no internacionales, en cambio, en sus artículos 14 y 15 prohíben emplear como método de combate el ataque, la destrucción, la sustracción o la inutilización de bienes indispensables para la supervivencia de la población civil como las obras de riego, el ganado, las zonas agrícolas, la instalación y reservas de agua potable. Asimismo, determina que no serán tampoco objeto de ataques las obras o instalaciones que contienen fuerzas peligrosas, tales como diques y centrales nucleares de energía eléctrica (Protocolo II Adicional a los Convenios de Ginebra relativo a la protección de las víctimas de los conflictos armados sin carácter internacional, 1977). Todo ello poniendo de relieve la supervivencia de la población civil, más no los ecosistemas y la vida no humana.

En otros términos, el Derecho Internacional Humanitario como el derecho de la guerra regulado por antonomasia en los Convenios de Ginebra y sus Protocolos adicionales, dispone que, para el medio ambiente natural en escenarios de conflicto armado, se velará por su protección a fin de evitar daños extensos, duraderos y graves, ya que este puede ser usado como método o medio para hacer la guerra, comprometiendo así la supervivencia y la salud de la población que depende de él. En tal sentido, la protección recae sobre la vida de la población y no sobre la destrucción del medio ambiente natural, desligado del empleo que eventualmente se le da como método para hacer la guerra.

Se insiste entonces que tanto el DIH como el DPI, evidencian una suerte de protección al medio ambiente natural que solo se entiende en contextos de conflicto armado y por su conexidad con la vida de la población civil, no de manera autónoma.

Por su parte, la Corte Internacional de Justicia (CIJ), como autoridad competente contenciosa y consultiva del derecho internacional, ha endilgado responsabilidad a Estados al demostrarse que algunos daños contra el medio ambiente natural fueron ocasionados por la falta de control, monitoreo o diligencia de este; pues todo proyecto que tuviere en alguna medida una incidencia en el medio ambiente, debe contar con los estudios previos de impacto ambiental correspondientes, que no solo se agota al momento de sugerir la viabilidad o no de los proyectos, sino que debe realizarse un seguimiento constante mientras se encuentre en ejecución, informando además a los interesados o posibles afectados sobre el contenido de dichos estudios (Naciones Unidas, 2019, pág. 167).

En algunas circunstancias, cuando se produce un delito medioambiental internacional, la CIJ también acude a la costumbre internacional como prueba (Pérez Vaquero, 2023, pág. 2).

Con todo y eso, actualmente son los Estados con su derecho interno quienes tienen los mecanismos de protección ambiental más expeditos, incorporándolos incluso, en sus códigos penales como delito, sin excluir las respectivas sanciones administrativas que por falta de debida diligencia se produzcan.

Sin embargo, aunque algunos países tipifiquen como delito los daños causados al medio ambiente natural, se deja a disposición del operador judicial y las reglas de procedimiento penal de cada país la investigación y condena del sujeto activo qué, no en pocos casos son personas jurídicas y no naturales. Es decir, pueda que un Estado contemple en su derecho interno, sanciones y condenas contra perpetradores de daños graves al medio ambiente natural, pero ello no implica *per se* que en todos los casos haya condenas o estas sean eficaces.

Ahora bien, sí resulta ser una muestra de voluntad política y judicial que el derecho interno de los países incluya sanciones y condenas contra perpetradores de graves daños al medio ambiente natural, aun cuando sigue siendo una enorme dificultad que solo recaigan sobre personas naturales (en la mayoría de los países y de acuerdo con la dogmática penal clásica, el derecho penal se aplica a personas naturales y no jurídicas). En ese escenario de vacío legal donde el derecho interno no actúa de forma preferente por no existir marco normativo aplicable, es que el derecho internacional es mucho más tardío o también inaplicable.

Uno de los primeros países que iniciaron con sanciones a los daños producidos al medio ambiente natural es Vietnam, quien al terminar la Guerra Fría y ser gravemente afectado por las secuelas producidas por el ejército de los Estados Unidos con el agente naranja, tipifica como delito en su código penal el Ecocidio. Seguidamente, Rusia lo incluye en su derecho interno y actualmente, las antiguas repúblicas soviéticas y otros países lo criminalizan (Niera, Russo, & Álvarez, 2019, pág. 129).

Empero, pese a que algunos Estados investigan y sancionan graves daños al medio ambiente natural, la protección sobre éste se ha dado de diferentes maneras en el ámbito internacional, lo que ocasiona que a la fecha haya disparidad de criterios jurídicos y una falta de consolidación del sistema y la norma a aplicar. Tampoco existe actualmente una única definición jurídica que sea aceptada por los Estados ni un organismo internacional que sea competente para sancionar y perseguir los crímenes contra el medio ambiente natural en cortos periodos de tiempo, contra personas naturales, jurídicas, Estados, en todo contexto (paz o guerra) y lugar que se cometan (Arenal Lora, 2021, págs. 17-18).

Puede afirmarse en sentido estricto qué, una conducta llegaría a tipificarse como delictiva por atentar contra el medio ambiente pero todavía no alcanza la categoría de crimen ecológico internacional (Pérez Vaquero, 2009, pág. 25).

Desde la Declaración de Estocolmo de 1972, la ONU enfatizó que "*El hombre es a la vez obra y artífice del medio que lo rodea, el cual le da el sustento material y le brinda la oportunidad de desarrollarse intelectual, moral, social y espiritualmente*", distinguiendo que el medio humano tiene dos aspectos, el artificial y el natural, ambos necesarios para el desarrollo, la vida, el bienestar del hombre y el disfrute de sus derechos fundamentales.

Como principios de la Declaración, se estableció que el desarrollo económico debe ser planificado y se le debe dar importancia a la conservación de la naturaleza, también que los recursos no renovables se deben emplear de tal manera que se evite su futuro agotamiento (Declaración de Estocolmo sobre el Medio Ambiente Humano, 1972).

De este modo, no se desconoce que el desarrollo económico de los Estados conlleve a un mejoramiento de la calidad de vida, pero se debe optar por un enfoque integrado y coordinado para que su planificación se concilie con la necesidad de protección y mejora del medio humano, cuyo objetivo sea obtener los máximos beneficios sociales, económicos y ambientales para todos (Declaración de Estocolmo, 1972, Principios 5, 8, 11, 12, 13, 14 y 15).

En el año 1982, se proclama la Carta Mundial de la Naturaleza, en ella se ratifica que el crecimiento de la población, el mejoramiento de la calidad de vida y el desarrollo económico supone la realización de planes a largo plazo y estudios sobre los efectos que pueden generar los proyectos sobre la naturaleza, demostrando mediante exámenes de fondo, que los beneficios son mayores que los daños que le puedan causar. Se exhorta a emplear las mejores técnicas para reducir al mínimo los peligros graves y los efectos perjudiciales que deriven de ciertas actividades y repercutan sobre la naturaleza.

Este instrumento, aunque es de carácter *Soft law*, determina que los Estados, las organizaciones internacionales, los particulares, las asociaciones, las empresas y demás autoridades, en la medida de sus posibilidades, propenderán por la conservación de la naturaleza o la protección del medio ambiente. Asimismo, que en ese marco de estrategias de planificación se deben establecer inventarios de los ecosistemas y la evaluación de los efectos que sobre ésta se puedan surtir, a fin identificar lo antes posible cualquier deterioro o amenaza para tomar las medidas oportunas, en aras de evaluar las políticas que están siendo utilizadas y se ajusten o modifiquen las técnicas de conservación (Carta Mundial de la Naturaleza, 1982, Párr. 16, 19, 21).

Por último, exalta que los Estados ejercen plena soberanía sobre sus recursos naturales y que toda persona de forma individual o colectiva tiene la oportunidad de participar en el *"proceso de preparación de las decisiones que conciernen directamente a su medio ambiente y, cuando éste haya sido objeto de daño o deterioro, podrá ejercer los recursos necesarios para obtener una indemnización"* (Carta Mundial de la Naturaleza, 1982, Párr. 23). Ello concuerda con el derecho a la consulta previa que ha sido reiteradamente citado por los Tribunales y Cortes internacionales, máxime cuando se plantean proyectos en áreas protegidas o donde habitan comunidades indígenas o pueblos tribales.

En la misma línea, el Convenio 169 de la OIT de 1989, sobre pueblos indígenas y Tribales en países independientes, en sus artículos 4, 6-1a, 1b, 2, 7-1, 7-3 y 7-4, establece que los Estados deben velar para que los estudios de proyectos que han de realizarse en zonas de influencia de pueblos indígenas y tribales, cuenten con una cooperación por parte de estos, con el objeto de evaluar la incidencia social, espiritual, cultural y sobre el medio ambiente, que dichas actividades de proyectos o planes de desarrollo pueda tener en su cosmovisión. Los gobiernos, menciona el artículo 7.4 del Convenio, deberán tomar medidas para proteger y preservar el medio ambiente de los territorios que habitan los pueblos interesados y propender por su cooperación (Convenio 169 de la OIT, 1989).

Para 1991, se promulga el Convenio sobre la Evaluación del Impacto Ambiental en un Contexto Transfronterizo, también conocido como Convenio de Espoo por la ciudad finlandesa donde se suscribió. Allí se insiste en la obligación de examinar los impactos medioambientales de las actividades económicas antes de su ejecución y en el curso de estas.

Este Convenio aduce la responsabilidad de la Parte de origen (entiéndase esta como el Estado en cuya jurisdicción se ha de llevar a cabo una actividad propuesta), de notificar a las eventuales Partes afectadas lo antes posible, sobre un potencial impacto transfronterizo de carácter perjudicial y magnitud apreciable. El no hacerlo a tiempo o de forma continuada, acarrea responsabilidad internacional de la Parte de origen, tal y como se ha pronunciado al respecto la CIJ (Convenio de Espoo, 1991).

En el año de 1992, la comunidad internacional expide tres importantes instrumentos que atañen a la protección del medio ambiente natural, la Convención Marco de las Naciones Unidas sobre el Cambio Climático, el Convenio sobre la Diversidad Biológica y la Declaración de Río sobre el Medio Ambiente y el Desarrollo.

Con la Convención Marco de las Naciones Unidas sobre el Cambio Climático se introduce el concepto de cambio climático en el mundo jurídico internacional y se reconocen sus efectos.

Inicia el preámbulo,

> Las Partes en la presente Convención,
> Reconociendo que los cambios del clima de la Tierra y sus efectos adversos son una preocupación común de toda la humanidad,

> Preocupadas porque las actividades humanas han ido aumentando sustancialmente las concentraciones de gases de efecto invernadero en la atmósfera, y porque ese aumento intensifica el efecto invernadero natural, lo cual dará como resultado, en promedio, un calentamiento adicional de la superficie y la atmósfera de la Tierra y puede afectar adversamente a los ecosistemas naturales y a la humanidad, (...) (Convención Marco de las Naciones Unidas sobre el Cambio Climático, 1992).

En el artículo 1, se definen los términos de: efectos adversos al cambio climático, cambio climático, sistema climático, emisiones, gases de efecto invernadero; entre otros. Sin embargo, el Ecocidio no es delimitado por este instrumento ni en ninguno otro de los anteriormente citados, pese a aceptar las consecuencias que producen en los ecosistemas naturales las concentraciones de gases de efecto invernadero.

De las eventuales controversias que se pudieren suscitar en la aplicación o interpretación de esta Convención Marco, se le otorga potestad a la CIJ o un Tribunal de arbitraje, de conformidad con el Artículo 14 del mandato, para que proceda a la negociación o a algún medio pacífico de solución. De esta manera, se entiende como destinatarios del instrumento sólo los Estados Parte de la convención y no las personas naturales o jurídicas.

Por otra parte, el Convenio sobre la Diversidad Biológica propugna por un acceso adecuado a los recursos genéticos para conseguir su conservación, utilización sostenible y participación justa y equitativa. Identificando como diversidad biológica *"la variabilidad de organismos vivos de cualquier fuente, incluidos, entre otras cosas, los ecosistemas terrestres y marinos y otros ecosistemas acuáticos y los complejos ecológicos de los que forman parte; comprende la diversidad dentro de cada especie, entre las especies y de los ecosistemas"*, siendo el ecosistema delimitado como *"un complejo dinámico de comunidades vegetales, animales y de microorganismos y su medio no viviente que interactúan como una unidad funcional*". (Convenio sobre la Diversidad Biológica, 1992, Art 2).

La Biodiversidad, por ejemplo, ha sido incluido en el derecho penal español como pieza del bien jurídico protegido en las infracciones descritas en el Capítulo IV, Título XVI, donde se concreta que la fauna y la flora son parte de los recursos integrantes del medio ambiente (Matallín Evangelio, 2013, pág. 54).

Los recursos naturales son "*los distintos componentes de la naturaleza, susceptibles de ser aprovechados por el ser humano para la satisfacción de sus necesidades con un valor actual o potencial*" y representan uno sólo de los elementos del medio ambiente, cuyo concepto estructural aborda un entramado complejo de las relaciones de todos los elementos que lo integran, que tienen existencia propia y anterior, pero qué, con base en la interconexión entre ellos, su significado trasciende más allá de la individualidad de cada uno (Matallín Evangelio, 2013, pág. 55).

La diversidad biológica o biodiversidad entonces, se entiende como la "*variabilidad de los organismos vivos de cualquier fuente, incluidos entre otras cosas, los ecosistemas*" (...) abarca la biodiversidad "*dentro de cada especie, entre las especies y de los ecosistemas*" (Matallín Evangelio, 2013, pág. 56).

De modo qué, una vez más se puntualiza que el país de origen de los recursos genéticos *in situ*, esto es, donde se ubican los ecosistemas y hábitats naturales, son los principales garantes por la conservación de estos, ejerciendo su derecho soberano de explotar sus propios recursos bajo su política ambiental, pero con la obligación de controlar aquellas actividades dentro de su jurisdicción, procurando también no perjudicar la de otros Estados. (Convenio sobre la Diversidad Biológica, 1992, Arts. 3, 4, 8, 14, 17 y 19).

Los litigios que puedan darse con ocasión a esta Convención tienen similar tratamiento que, en la mayoría, es decir, ante la CIJ o mediante arbitraje (Convenio sobre la Diversidad Biológica, 1992, Art. 27).

La Declaración de Río sobre Medio Ambiente y Desarrollo, contiene una serie de disposiciones altamente relevantes que se pueden sintetizar en 4 pilares:

1. Lograr un desarrollo sostenible que proteja la integridad del sistema ambiental. (Declaración de Río sobre Medio Ambiente y Desarrollo, 1992, Principios 3, 4, 8, 9, 20, 22, 23)
2. Buscar la consolidación de un sistema económico mundial que sea favorable para todos y donde converja la solidaridad, el respeto y la integración de países desarrollados y los que están en vía de desarrollo (Declaración de Río sobre Medio Ambiente y Desarrollo, 1992, Principios 5, 6, 7, 12, 18).
3. Impulsar a los Estados para que promulguen leyes eficaces sobre el medio ambiente y regulen la indemnización causada por daños ambientales (Declaración de Río sobre Medio Ambiente y Desarrollo, 1992, Principios 11, 12, 13, 17).
4. Que los Estados asuman la responsabilidad de las actividades realizadas dentro de su jurisdicción y bajo su control, para que no se causen daños al medio ambiente del propio Estado o de otros (Declaración de Río sobre Medio Ambiente y Desarrollo, 1992, Principios 13, 15, 16, 24, 25).

A diferencia de las Convenciones, las Declaraciones y Resoluciones de la ONU no tienen fuerza vinculante de un órgano Internacional facultado para dirimir las controversias qué, como se ha visto, es otorgado en muchos casos a la CIJ. Por demás, en el artículo 26 de la presente Declaración se acude, por ejemplo, a una solución pacífica entre Estados.

Las disposiciones posteriores emitidas por la comunidad internacional pueden clasificarse en dos grupos. El primero de ellos, donde se encuentra el Convenio de Aarhus de 1998 y el Acuerdo de Escazú de 2018, que recalcan el acceso a la información, la participación de la población en la toma de decisiones y el acceso a la justicia en materia de medio ambiente, que de manera similar lo hicieron el Convenio sobre la evaluación del impacto en el medio ambiente en un contexto transfronterizo y el Convenio 169 de la OIT.

El segundo, en el que podemos ubicar al Convenio de Viena para la Protección de la Capa de Ozono, Protocolo de Montreal, el Protocolo de Kyoto y el Acuerdo de París, que denotan el aumento en la preocupación por las consecuencias de la actividad humana (en especial de los países desarrollados), sobre los efectos y daños al medio ambiente, que repercute a su vez, a las generaciones actuales y futuras.

Este segundo grupo de singular trascendencia en el asunto concreto inicia con el Convenio de Viena para la Protección de la Capa de Ozono de 1987. En él se expone el impacto potencialmente nocivo que conlleva la modificación de la capa de ozono en el medio ambiente y la salud humana.

Su artículo 1 de *"definiciones"*, aborda las nociones principales para el Convenio relacionando entre otras, la capa de ozono y efectos adversos. A pesar de ello y siendo conscientes que los Estados deben tomar medidas para proteger la salud humana y el medio ambiente devenidos de la actividad humana (Convenio de Viena para la Protección de la Capa de Ozono, 1987, Art. 2), se limita a intervenir y fiscalizar las sustancias que lesionan la capa de ozono exclusivamente.

El Protocolo de Montreal también de 1987, complementa el precitado Convenio de Viena de la Capa de Ozono y acoge como medidas de control para las Partes, no superar el nivel de consumo y producción de las sustancias controladas que reportaron en 1986 (Protocolo de Montreal, 1987).

De otro lado, es con el Protocolo de Kyoto de 1997, que nuevamente se retoma el debate del cambio climático a nivel general y se orienta a aplicar las medidas y políticas necesarias para reducir las emisiones de los gases de efecto invernadero que quedaron por fuera del Protocolo de Montreal, en búsqueda de promover el desarrollo sostenible (Protocolo de Kyoto, 1997, Art 2, 1-ii).

Dicho esto, el Protocolo de Kyoto fijó en su Artículo 3 que las Partes:

> (...) se asegurarán, individual o conjuntamente, de que sus emisiones antropógenas agregadas, expresadas en dióxido de carbono equivalente, de los gases de efecto invernadero enumerados en el anexo A no excedan de las cantidades atribuidas a ellas, calculadas en función de los compromisos cuantificados de limitación y reducción de las emisiones consignados para ellas en el anexo B y de conformidad con lo dispuesto en el presente artículo, con miras a reducir el total de sus emisiones de esos gases a un nivel inferior en no menos de 5% al de 1990 en el período de compromiso comprendido entre el año 2008 y el 2012. (Subrayado propio y fuera del texto original) (Protocolo de Kyoto, 1997).

Finalmente, el Acuerdo de París de 2015, admite que son los países en desarrollo quienes son los más vulnerables a padecer los efectos del cambio climático, pero no por ello deja de ser un problema de toda la humanidad. Igualmente, resalta la importancia de la "justicia climática" y propone como objetivo mundial, mantener la temperatura media mundial por debajo de los 2°C de los niveles preindustriales o en todo caso, aunar esfuerzos para limitar el aumento a 1.5°C respecto a los niveles preindustriales, considerando que así se contribuiría a reducir de manera considerable los efectos y riesgos del cambio climático (Acuerdo de París, 2015, Art. 2-1B).

Exalta el Acuerdo qué, lograr una adaptación adecuada en el contexto de mantener los niveles máximos de temperatura ya referidos, requiere el aumento en la capacidad de adaptación y el fortalecimiento de la resiliencia para contribuir al desarrollo sostenible, al tiempo que pretende reducir la vulnerabilidad al cambio climático. En otras palabras, conservar los niveles máximos de la media en la temperatura global, medirá a la sociedad en pleno frente a su capacidad de resiliencia y su adaptabilidad para sobrellevar el cambio climático, ajustándolo a un desarrollo sostenible.

Esa adaptabilidad que se le reclama a las Partes debe basarse en información científica disponible, en igual sentido y cuando corresponda, se atenderá a los conocimientos tradicionales de las comunidades locales para que las políticas socioeconómicas y ambientales a emitir, abarquen un enfoque participativo (Acuerdo de París, 2015, Art. 7).

A pesar de la importancia de los acuerdos pactados tanto el Protocolo de Kyoto como el Acuerdo de París, los dos adolecen de un órgano competente que obligue a los Estados Parte a cumplir con lo dispuesto en ellos. El articulado confiere la facultad a unas comisiones de científicos que verificarán los compromisos adquiridos, pero en ninguno de aquellos se precisa la resolución de controversias a través de una Corte Internacional o un Árbitro. Esto se deja a discreción de las Partes.

De hecho, el informe más reciente del Grupo Intergubernamental de Expertos sobre el Cambio Climático (IPCC) publicado en el 2023, se evidencia científicamente que las actividades humanas son las que han provocado la emisión de gases efecto invernadero y estos, a su vez el calentamiento global y el cambio climático, como a continuación se muestra:

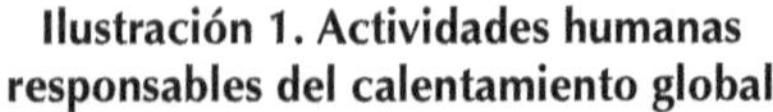

Ilustración 1. Actividades humanas responsables del calentamiento global

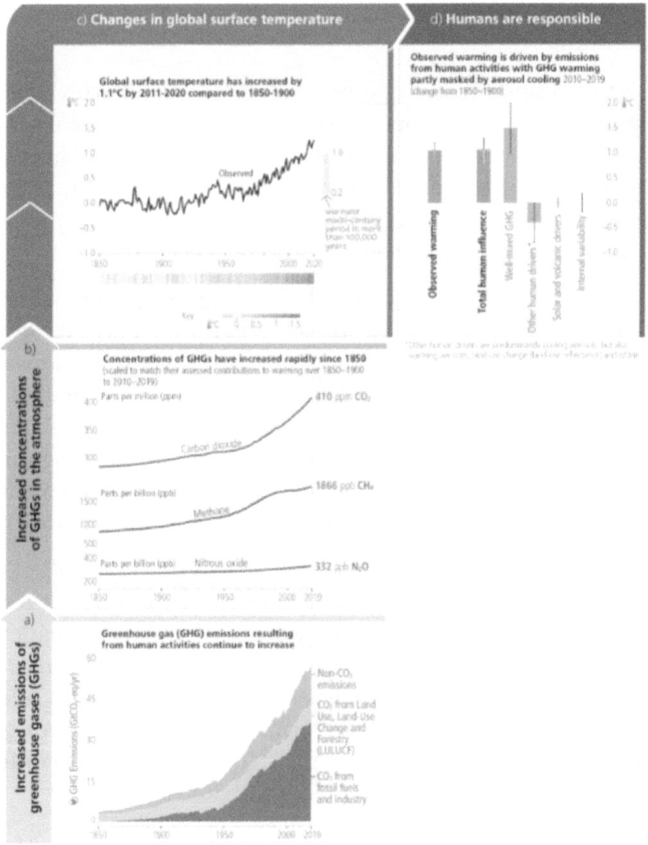

Fuente. (Intergovernmental Panel on Climate Change, 2023, pág. 7).

Evidencia científica que ha sido recopilada por grupos de expertos pero que no alcanzan el umbral ni la importancia de ser incluidos como pruebas en un proceso sobre responsabilidad penal internacional a atribuir, por no encontrar regulación consolidada en la materia. Lo que ocasiona que, a pesar del abundante material probatorio, este se desperdicie y en su lugar, exista impunidad y perpetuación del daño ambiental.

Una propuesta dada desde el Consejo Consultivo de Fiscales Europeos del Consejo de Europa, plasmada en el informe denominado Opinión N° 17 de 2022, es que los Fiscales, como estrategia en el desempeño de sus labores para la protección del medio ambiente, deben actuar bajo el principio de especialización, el cual ha adquirido importancia por la creciente preocupación en la protección al medio ambiente (Vercher Noguera, 2024, pág. 121).

En ese sentido, conforme a la Opinión N°17, se expone que, de no respetarse el principio de especialización, existen riesgos muy elevados que la normativa penal ambiental no se aplique o su aplicación sea inadecuada, a riesgo de incluso de convertirse en "letra muerta" (Vercher Noguera, 2024, pág. 39).

Lo que se pretende con la iniciativa del Consejo de Fiscales Europeos es que el derecho penal en el continente europeo sea útil en la protección del medio ambiente y los Fiscales, como garantes de los intereses de la sociedad, actúen de inmediato frente a los delitos que lesionan al medio ambiente y los componentes que lo integran. Este aspecto se retomará más adelante.

En 2021 se promulga el Pacto de Glasgow, donde si bien se reconoce los efectos devastadores de la pandemia del Covid 19, que retrasaron los pactos trazados frente a la lucha contra el cambio climático, se retoma la bandera de la búsqueda por la "justicia climática" y la reducción de los gases efecto invernadero. En virtud de esto, se acelera la acción de los Estados para el 2030.

Se expone máxima alarma global porque a corte de 2021, la temperatura mundial ya había alcanzado aproximadamente un aumento de 1,1°C de los 1,5°C que se habían contemplado como tope máximo de incremento en el Acuerdo de París (Pacto de Glasgow, 2021).

De nuevo, este instrumento es una mera manifestación de voluntades de los países desarrollados (o en gran medida de estos), sobre las actividades a las que deben sujetarse para contrarrestar los efectos del cambio climático, ocasionados mayoritariamente por su propia industrialización.

Resulta preocupante que algunos Estados ni siquiera han suscrito ni ratificado los mandatos sobre el cambio climático, pese a ser los mayores productores de los gases de efecto invernadero. Esto denota su completo desinterés por el bienestar de la humanidad.

En síntesis, si bien es cierto que la protección al medio ambiente natural no ha sido olvidada a lo largo de la historia, tampoco ha sido del todo efectiva. La dispersión de criterios en cuanto a la determinación de los daños al medio ambiente natural y la ausencia o disparidad de un órgano competente para dirimir las controversias suscitadas en todo tiempo y lugar sobre la materia, dificulta la interpretación y la aplicación del derecho, por ende, sus consecuencias jurídicas.

Se ahondará en el capítulo 2 de este documento, el abordaje y tratamiento jurídico que se ha dado a nivel mundial a los conflictos ambientales, una vez se haya definido qué se entiende como grave daño al medio ambiente natural.

1.2. DEFINICIÓN

Como se ha mencionado, no existe hoy en día una única definición sobre lo qué es un daño ambiental y cómo se configura en el marco jurídico penal internacional (Nyka, 2022, pág. 11). No obstante, se le ha otorgado el concepto de Ecocidio a la acción de causar o permitir un daño al medio ambiente natural a escala masiva (Higgins, Short, & South, 2013, pág. 256) y fue acuñado por analogía con el crimen de "genocidio" (Pereira, 2020, pág. 214).

El Ecocidio, etimológicamente hablando, proviene del griego *Oikos* que significa casa u hogar y *cidio*, del latín *Cae-*

dere que refiere a cortar/golpear abajo. Literalmente se traduce como "asesinar o matar nuestro hogar" (Greene, 2019, pág. 31).

Fue empleado por primera vez después de la guerra de Vietnam, hacia 1970 por Arthur Galston (Lay, Neyret, Short, Baumgartner, & Oposa, 2015, pág. 433), del Departamento de Botánica de la Universidad de Yale, para referirse al alto impacto perjudicial que el agente naranja había producido sobre el ecosistema natural vietnamita por acción del ejército de los Estados Unidos (Cunnington, 2020, pág. 2).

Resulta comprensible su origen en la biología y no en el derecho, ya que fue a través de las investigaciones científicas que se llegó a la conclusión del extensivo daño y destrucción que le habían causado a los ecosistemas los herbicidas durante la guerra de Vietnam, provocando entre otras, una masiva defoliación que repercutió en problemas de soberanía alimentaria por la elevada contaminación de la tierra, el aire y el agua (Niera, Russo, & Álvarez, 2019, pág. 130).

Otra definición de Ecocidio la da el profesor Franz J. Broswimmer, cuando lo determina como el

> conjunto de acciones realizadas con la intención de perturbar en todo o en parte un ecosistema humano (...) comprende el uso de armas de destrucción masiva, nucleares, bacteriológicas o químicas; el intento de provocar desastres naturales (...); el uso de bombas para alterar la calidad de los suelos o aumentar el riesgo de enfermedades; el arrasamiento de bosques o terrenos de cultivo con fines militares; el intento de modificar la meteorología o el clima con fines hostiles; y finalmente, la expulsión a gran escala, por la fuerza y de forma permanente, de seres humanos o animales de su lugar habitual de residencia para facilitarla consecución de objetivos militares o de otro tipo. (Pérez Vaquero, 2023, pág. 6).

Sin embargo, no fue sino hasta 2010 que el concepto de Ecocidio tomó relevancia jurídica en el derecho penal internacional, cuando Polly Higgins lo propuso como el posible quinto crimen de competencia de la Corte Penal Internacional, definiéndolo como:

> El Ecocidio es el daño extensivo, la destrucción o la pérdida del ecosistema (s) de un territorio dado, ya sea por la acción humana o por otras causas, hasta tal punto que el disfrute pacífico por parte de los habitantes de ese territorio se ha visto severamente disminuido. (Higgins, 2012, pág. 3).

En esta propuesta incluso, Higgins va más allá de la intencionalidad del perpetrador cuando aduce que,

> (...) a diferencia del genocidio, el Ecocidio no es un delito doloso. El Ecocidio es un delito de consecuencia, que a menudo surge de la búsqueda de ganancias sin la imposición de un deber legal de cuidado. Actualmente no existe ningún delito para hacer frente a esta anomalía en tiempos de paz. (Higgins, 2012, pág. 9).

En razón a ello, se entiende que el Ecocidio es aplicable a personas naturales y jurídicas por igual, sin importar la demostración de un contexto de conflicto armado, pues lo que sería realmente relevante es que el daño producido constituya una pérdida, destrucción o daño extensivo de un ecosistema o varios, a tal punto que se perturbe el disfrute pacífico de aquel por los habitantes de ese territorio.

Como una definición general, el Ecocidio sería *"la acción generalizada o sistemática comprendida en una lista de infracciones que causa daños generalizados, duraderos y graves al medio ambiente natural, cometido deliberadamente y con conocimiento de esta acción"* (Neyret, 2014, pág. 189). Laurent Neyret, plantea la protección al medio ambiente desde un proyecto de Convención contra el Ecocidio (Serra Palao, 2020, pág. 22) y, además, toma como base teórica la definición de los crímenes de lesa humanidad para abordar conceptos de sistematicidad y generalidad.

El elemento de sistematicidad resulta ser muy importante para esta investigación y su inclusión en la definición final de Ecocidio da lugar a una valoración cualitativa de la gravedad del daño. La identificación de patrones criminales qué, por su efecto acumulativo daría lugar a un crimen internacional, como se evalúa con la sistematicidad, fue analizado e incorporado en la definición final propuesta en el capítulo 3.

Se aclara, sin embargo, que la propuesta de Neyret no se acoge en su totalidad por dos aspectos principales. El primero, porque parte de la base de crear el crimen de Ecocidio mediante una Convención Internacional y no directamente como crimen internacional normativizado en el ER y segundo, porque le otorga la consideración de Ecocidio como delito internacional o delito ecológico y no como crimen internacional. Esta diferencia será explicada en el capítulo 3.

Para 2021, un panel de 12 expertos con experiencia en derecho penal, ambiental y climático, convocados por la Fundación "Stop Ecocide", presentaron una propuesta de la definición legal de Ecocidio del siguiente modo: " *"Ecocidio" significa actos ilegales o desenfrenados, cometidos con conocimiento de que existe una probabilidad sustancial que esos actos causen daños graves, generalizados o de largo plazo al medio ambiente"*. Se extiende la protección del medio ambiente a los tiempos de paz (Minkova, 2023, págs. 63, 64).

Sobre esta definición completa se volverá en el capítulo 3, ya que es el marco conceptual, referente principal y la definición jurídica más actualizada del Ecocidio.

1.3. IMPORTANCIA

Desde 1947, donde se remontan los actos preparativos que dieron lugar a la consolidación del Estatuto de Roma, a su vez, a la Corte Penal internacional; se discutió sobre la creación de crímenes ecológicos, entendidos como los que causaran graves daños al medio ambiente de manera deliberada o por negligencia culpable. Como se ha insistido, finalmente fueron excluidos del texto final del Estatuto de Roma (Pérez Vaquero, 2009, pág. 22 y 23).

En efecto, el debate ha ido obteniendo mayor importancia porque resultan ser menos indiscutibles día a día las consecuencias generadas por el deterioro ambiental e incluso, el cambio climático, derivado fundamentalmente por las emisiones de la quema de combustibles fósiles en la industria (Sanz Rubiales, 2020, pág. 63).

Gracias a las evidencias y estudios científicos se puede establecer que el cambio climático ocasiona i) efectos ambientales y ecológicos: aumento del nivel del mar, incremento de las temperaturas que pueden generar calores extremos y sequías en determinadas zonas, disminución de agua dulce y producción de alimentos, desastres naturales, catástrofes, desabastecimiento y escasez de recursos ii) efectos sociales: problemas de salud, epidemias, movimientos sociales migratorios, hambrunas, acciones de protesta directa, aparición de disturbios, actos de resistencia que pueden conllevar a conductas delictivas como daños contra la propiedad o lesiones sobre personas (Morelle Hungría, 2020, págs. 9, 10).

Sin embargo, aunque la preocupación internacional se ha enfocado en propender por el desarrollo sostenible de los Estados, donde el uso adecuado de los recursos naturales no conlleve a su extinción total o se produzcan daños irreversibles, actualmente, solo el ordenamiento jurídico de cada país tiene la facultad de sancionar los daños contra el medio ambiente, ya sea por vía administrativa o penal, en cortos periodos de tiempo. Podría decirse que la responsabilidad penal por delitos ambientales es ahora una norma universalmente aplicable en los ordenamientos nacionales, pero continua su lucha en el derecho internacional (Nyka, 2022, pág. 10).

Tribunales de algunos países, verbigracia Estados Unidos de América, han condenado a empresas multinacionales por graves daños al medio ambiente y aunque, paradójicamente es uno de los Estados con mayor producción de gases de efecto invernadero, para el 4 de noviembre de 2019, el Estado remitió formalmente la denuncia (retiro) al Acuerdo de París (Boeglin, 2019) (United States of America, 2019), reincorporándose nuevamente el 1 de enero de 2020, cuando Joe Biden inicia su periodo presidencial (U.S. Department Of State, 2021).

Siendo uno de los mayores emisores de gases de efectos invernadero y pese a las promesas del Gobierno Biden en reducirlos, el Tribunal Supremo de los Estados Unidos consideró ilegal en 2022 que los organismos federales tomaran decisiones "importantes" sobre el cambio climático y los Acuerdos de París sin autorización clara del Congreso de los Estados Unidos (Relator Especial sobre la promoción y la protección de los derechos humanos en el contexto del cambio climático, 2023, pág. 5).

Se ha indicado incluso que los acuerdos suscritos en París, según los últimos informes de Naciones Unidas, han quedado obsoletos y las previsiones que fueron fijadas deben triplicarse con el fin de no superar la barrera de los 2C° inicialmente pactados (Morelle Hungría, 2020, pág. 9).

En la práctica, debido a la ausencia de regulación claramente definida en el derecho penal internacional, han surgido medios alternativos de solución que hacen las veces de "Tribunal Internacional" como el caso del "Tribunal Internacional de Monsanto", creado a iniciativa de la sociedad civil con el objetivo de atribuir responsabilidad a la empresa multinacional Monsanto, productora y comercializadora de herbicidas con glifosato, que se ha demostrado por parte de la OMS, afecta la salud humana, tiene efectos adversos en los organismos y sistemas acuáticos, además de ser cancerígeno (Soler Fernández, 2017, págs. 9-10).

Dicho Tribunal adelantó el juicio en 2016, con la participación de una veintena de países procedentes de Asia, Europa, América y África y, a pesar de emitir un dictamen no vinculante a la empresa, simbólicamente fue relevante porque reconoció que de haber existido un delito de Ecocidio a nivel internacional, las actividades de Monsanto posiblemente se enmarcarían allí, puesto que han causado daños duraderos y sustanciosos a la diversidad biológica y los ecosistemas y han afectado la salud y la vida humana (Soler Fernández, 2017, pág. 10).

Eventualmente, cada vez más la jurisprudencia de Tribunales Internacionales que dirimen conflictos entre países, ha expedido sanciones contra Estados por graves afectaciones al medio ambiente, pero al día de hoy, la Corte Penal Internacional no es competente para adelantar investigaciones sobre graves daños al medio ambiente en tiempo de paz, o que no tengan vinculación alguna con una ventaja militar en el marco de un crimen de guerra, pues no existe crimen que así lo estipule dentro del Estatuto de Roma.

En las últimas décadas, el derecho internacional ha creado un cuerpo sólido de derecho penal internacional, pero no lo ha hecho con respecto al derecho ambiental. De hecho, en este momento simplemente no existe un régimen de derecho penal ambiental internacional. Aunque varios tratados abordan determinadas conductas, no existe ningún tratado que codifique el derecho ambiental o penalice la destrucción ambiental (Greene, 2019, pág. 1).

Es más, con la redacción actual del Estatuto de Roma, ninguna disposición relativa a la responsabilidad penal individual afectará la responsabilidad de los Estados en virtud del derecho internacional. Esto demuestra la limitación en el procesamiento de los autores de crímenes de ecocidio, reduciéndolo únicamente a los crímenes de guerra, lo que también hace que sea difícil exigir responsabilidades por crímenes ecológicos cometidos por individuos y por corporaciones multinacionales/ transnacionales (Prakasa, 2021, págs. 18, 19).

El Estatuto de Roma tal y como se concibe hoy, está basado en un enfoque antropocéntrico y tiene como principal objetivo proteger a los seres humanos de atrocidades y crímenes contra la paz (Greene, 2019, pág. 37).

En consecuencia, con el fin de evitar posibles vulneraciones al principio de legalidad como se presentaron en los juicios de Núremberg y Tokio y dada la apremiante urgencia con que se requiere limitar de algún modo y de forma contundente, a los responsables de cometer afectaciones a gran escala contra el medio ambiente; es menester que el Estatuto de Roma integre un crimen que permita dar alcance a las actuales formas de criminalidad que ocasionen daños graves, generalizados o de largo plazo al medio ambiente siendo previsibles.

Ello porque la naturaleza legal de los Convenios Internacionales y de los Reglamentos Comunitarios es incuestionable. De hecho, la normativa comunitaria cuenta con respaldo constitucional, lo que permite que una norma de Derecho comunitario ya sea originaria o derivada, debido a su primacía en el orden interno, pueda formar parte del supuesto de hecho de una norma penal, incluso cuando esta última exija, para su complemento, que la norma tenga rango de ley (Matallín Evangelio, 2013, pág. 44).

El principio de *nullum crimen sine lege*, obliga limitar el alcance de una posible interpretación proactiva del Estatuto de la CPI en la esfera de la protección ambiental. Esto nos lleva de nuevo al debate sobre la necesaria reforma de este instrumento jurídico, de manera que complemente los aspectos medioambientales que faltan en la responsabilidad penal internacional (Nyka, 2022, pág. 15).

Incluso, puede pensarse que la criminalidad organizada transnacional y su abordaje en el derecho penal internacional, resultaría ser de gran ayuda para la comprensión del fenómeno criminal que se materializa en los daños al medio ambiente y en la trasposición de aparatos organizados de poder con las estructuras corporativas. Dos perspectivas que serán útiles al momento de analizar la responsabilidad penal de los Estados, con base en los modelos económicos del sistema de desarrollo por el cual se rigen.

Lo anterior porque la delincuencia ambiental transnacional y los daños medioambientales asociados al comercio transnacional son una alerta por el imparable crecimiento de esta, pero a nivel global, está siendo desatendida por cuanto este tipo de delincuencia es ausente en la Convención de las Naciones Unidas contra la Delincuencia Organizada Transnacional o en cualquiera de sus protocolos. En consecuencia, se ha llegado a proponer, como una de las formas de evitar su impunidad, un proyecto de Convención contra la Criminalidad Medioambiental, que ponga especial atención a la protección de la salud del medio ambiente de forma global (Serra Palao, 2020, pág. 17).

Esto permite observar que se reconoce que algunos tipos graves de delitos ambientales transnacionales repercuten en la paz y la seguridad de la humanidad y violan las "normas consuetudinarias" y las "normas universales" (Pereira, 2020, págs. 13, 14). Lo cual aumenta su notable necesidad de regulación.

El término Ecocidio ha sido empleado por doctrinantes del derecho penal internacional para referirse a los graves daños ecológicos, supliendo la ausencia de un crimen internacional que cada día resulta ser más necesario, ya que muchos Estados reconocen la competencia de la Corte Penal Internacional y otros sistemas de protección como la ONU, el TEDH (Tribunal Europeo de Derechos Humanos-para el caso de países europeos) o la CorteIDH (Corte Interamericana de Derechos Humanos- países del continente americano), pero no cuentan con los mecanismos adecuados para perseguir y judicializar los graves crímenes contra el medio ambiente en su derecho interno.

Aun cuando parece haber armonía en la búsqueda por la justicia climática, la voluntad para sancionar a personas naturales y jurídicas que dañen al medio ambiente recae en el operador de justicia que depende del ordenamiento jurídico bajo el cual actúa y qué, como se reitera, resulta ser muy limitada en la mayoría de los casos.

El reconocimiento y la ratificación del Estatuto de Roma, como texto consolidado que originó la Corte Penal Internacional conllevó años de debates y unificación de jurisprudencia de los Tribunales *Ad Hoc* donde finalmente, al momento de su entrada en vigor, exigió que los Estados que adoptaran la competencia de la CPI, modificaran su legislación nacional a las nuevas figuras y crímenes que el Estatuto recogía.

De este modo entonces, es posible plantearse un nuevo crimen internacional que, a su vez, sea un imperativo para los Estados miembros de la ONU y los que además reconocen la competencia de la CPI, encaminándose a proteger el medio ambiente y promover la justicia climática.

Sin embargo, si lo que se pretende es combatir los graves crímenes internacionales a nivel mundial por estar en riesgo la vida humana y sancionar a los perpetradores con duras condenas que podrían ir desde la encarcelación (para personas naturales), hasta la muerte política y corporativa (para Estados, altos funcionarios de partidos políticos y personas jurídicas), pasando por inhabilidades; debería pensarse en una modificación del Estatuto de Roma que amplíe su alcance judicial a nivel de jurisdicción universal, sin que esté sometida a la firma y ratificación del Estado donde se cometa el crimen, pues se ha visto que algunos Estados no tienen la voluntad ni siquiera de cooperar por salvaguardar la vida humana, menos lo estarán en acoger un modelo de desarrollo sostenible y proteger los ecosistemas naturales mediante el derecho penal internacional.

En ese sentido, una verdadera acción del derecho penal internacional por la protección de la vida humana y los ecosistemas de los cuales depende para subsistir, estaría cimentado tanto en la inclusión de un nuevo crimen internacional como en la variación de la competencia de la CPI ampliándola a la jurisdicción universal, que tenga carácter judicial en todo tiempo, lugar, sobre todos los perpetradores y sin estar sometida a la ratificación de los Estados y su capacidad y voluntad de investigar a los máximos criminales internacionales.

De similar manera, contemplar el crimen internacional de Ecocidio más allá del contexto de conflicto armado y otorgarle competencia a un Tribunal Penal Internacional, superaría la barrera Núremberg, como ha sido denominado por algunos autores (Soler Fernández, 2017, pág. 11). En otras palabras, dejaría de vincularse el Ecocidio al contexto bélico y se extendería su protección a tiempos de paz.

Por tanto, el aporte desde la academia ha resultado ser muy significativo para la construcción del crimen del Ecocidio. Desde allí se han propuesto algunos elementos de contexto y aunque ha habido acercamientos a lo que sería la intencionalidad del perpetrador, este se debe construir tomando en cuenta el nexo entre la persona natural y la persona jurídica, que ha sido implementado para endilgar la responsabilidad penal a las personas jurídicas en algunos sistemas penales.

Ello porque no se puede ignorar que entre los principales perpetradores de crímenes contra el medio ambiente están las personas jurídicas, quienes causan daños por negligencia o prácticas ilegales y en algunas ocasiones, se evidencian vínculos entre estas con agentes estatales (Tekayak, 2016, pág. 7), quienes tampoco deberían quedar en la impunidad. Más aún, detener esta práctica de impunidad para este tipo de delitos, implica lograr una política global comprometida y una fuerte cooperación (Prakasa, 2021, pág. 16).

No obstante, países como Colombia aún no cuentan ni siquiera en su derecho doméstico con la responsabilidad penal de personas jurídicas, de hecho, pese a reconocer la competencia de la CPI y ratificar el Estatuto de Roma, existe hoy en día en el código penal, vacíos frente a la tipificación de los crímenes de lesa humanidad, crímenes de guerra, genocidio y su tiempo de prescripción.

Es decir, si bien es cierto es posible crear una norma de alcance internacional que a su vez sirva de orientación y obligación para que los Estados modifiquen su derecho interno ajustándose a los lineamientos internacionales, son estos últimos quienes deben realizar las acciones pertinentes para conseguir lo propuesto, tener la voluntad y estar en capacidad de hacerlo, o por el contrario, es hora de pensar en el sometimiento universal a la justicia penal internacional y climática, sin más dilación. A final de cuentas podría ser mucho más efectiva y aplicaría sanciones de mayor envergadura, de connotación social más reprochable.

Por otra parte, un sector de la academia ha propuesto como alternativa, la creación de una Corte Penal Internacional sobre medioambiente y salud o una Corte Internacional Ambiental (Tekayak, 2016, pág. 11), que se encargue de resolver actos menos graves que dañen el medio ambiente, como demandas civiles o por agravios, en lugar de presentar los delitos de ecocidio ante la Corte Penal Internacional. Esta Corte Ambiental Internacional podría resolver casos tanto penales como civiles y estaría compuesta por expertos ambientales (Greene, 2019, pág. 44).

Personalmente considero que sería un desgaste logístico y de recursos humanos crear un Tribunal Penal Internacional cuando éste ya existe, lo que en mi criterio debe buscarse, es una reforma de la CPI para que se incluya el crimen del Ecocidio y se amplifique la jurisdicción de esta.

Las Cortes de Derechos Humanos han sido progresistas en sus fallos y han declarado sujetos de derechos a los ecosistemas, pese a que el derecho doméstico de los países no los tutele. Esta interpretación extensiva de la protección de la vida e integridad de los seres humanos, por conexidad con el bienestar del medio ambiente para el disfrute de la vida en comunidad bajo condiciones dignas, cada día es más aceptada por jueces y Tribunales.

Es así como modificar las legislaciones nacionales con base en un nuevo crimen internacional, solo estaría actualizando las dinámicas sociales al texto jurídico (código penal, Estatuto de Roma) sin contrariarlas, pues es del caso precisar que las decisiones sobre protección del medio ambiente encuentran sustento en Declaraciones internacionales, como en la línea jurisprudencial de la CIJ y los Tribunales regionales de Derechos Humanos.

Además, esa modificación daría la oportunidad de participar en un modelo de justicia restaurativa donde se involucre el contacto entre perpetrador y víctima (Tekayak,

2016, pág. 11), dejando atrás el antiguo modelo de justicia retributiva, tan tradicional en el derecho penal.

Es por todo lo anterior que al plantearnos este crimen internacional y permitir la competencia de la CPI a nivel universal, estaríamos realmente estableciendo un Tribunal permanente y supremo en derecho penal internacional, actualizado y eficiente a las nuevas formas de criminalidad organizada qué, sin duda, han desarrollado su *modus operandi* después de la Segunda Guerra mundial, cuando se planteó por primera vez su creación. De por sí, ayudaría a superar la incapacidad de los Estados para aplicar el derecho nacional e internacional a las corporaciones y penalizar los graves, nocivos, duraderos y prolongados crímenes ambientales (Whyte, 2021, pág. 969).

En igual sentido, fortalecería el compromiso de la política internacional con la preservación del medio ambiente, evitando la consecución de la impunidad para los perpetradores de delitos ecológicos en la dimensión del derecho internacional (Prakasa, 2021, pág. 18) y la comunidad internacional estaría dedicada a lograr un equilibrio entre humanidad y medio ambiente (Lytton, 2020, pág. 87).

Capítulo 2
Protección del medio ambiente o ambiente natural

Una de las dificultades que ha encontrado la persecución y judicialización a los responsables de causar daños a gran escala al medio ambiente es la disparidad de normas sobre la materia, como se ha indicado anteriormente. Sin embargo, no es inexistente la progresiva protección que operadores de justicia, Cortes y algunos Tribunales han interpretado a favor del ambiente natural, en especial, los que aplican normas y dirimen asuntos en Derechos Humanos.

El presente acápite abordará dichos enfoques y tendencias de acuerdo con su ubicación geográfica y, si bien puede resultar antitécnico el empleo de la palabra "sistema" en los subcapítulos a continuación expuestos, esta se usa con la finalidad de identificar el aparato normativo al que se acude para sancionar a los perpetradores de graves daños ambientales en ciertas jurisdicciones.

Desde ya se aclara que los sistemas regionales que funcionan y son reconocidos oficial e internacionalmente en Derechos Humanos son: el Europeo, Interamericano y el Africano.

El "sistema universal" nos permite establecer el estado de la cuestión a nivel mundial sobre los Derechos humanos en el ámbito medio ambiental y sobre cambio climático, por lo cual es indispensable abordarlo y el "sistema asiático", pese a no existir en estricto sentido, posee jurisprudencia sobre litigios ambientales que son referencia hermenéutica de instrumentos internacionales muy valiosos para el presente estudio.

2.1. SISTEMA UNIVERSAL

La ONU es reconocida por 193 países (Organización de Naciones Unidas, 2023) de los cuales en su mayoría pertenecen a occidente, aunque es el órgano diplomático más amplio, su competencia no es contenciosa. No obstante, el Consejo de Seguridad compuesto por quince naciones, cinco de ellas permanentes, sí tiene la facultad de solicitar la competencia de la CPI cuando se advierta la comisión de uno o varios de los crímenes internacionales descritos en el ER, de conformidad con lo dispuesto en su Art 13 y en el Capítulo VII de la Carta de las Naciones Unidas.

El Consejo de Seguridad de Naciones Unidas determinará entonces la existencia de toda amenaza a la paz, el quebrantamiento a ella o acto que se considere de agresión y hará recomendaciones o decidirá las medidas que se han de tomar para mantener o restablecer la paz y la seguridad internacional, acudiendo incluso al uso de la fuerza (Carta de Naciones Unidas, 1945, Art. 39 y 42).

Pese a que se contempla la posibilidad de que la ONU por medio del Consejo de Seguridad, algún Estado Parte del ER o el propio Fiscal de la CPI, accionen la competencia de la CPI (Estatuto de Roma, 1998, Art.13) a la fecha la CPI no ha procesado ni condenado a nadie por lo señalado en artículo 8.2-B- iv y es posible que nunca lo haya (de-Paor, 2020, pág. 291). Esto es, por crímenes de guerra que en su curso produjera un ataque intencional a sabiendas que causaría daños extensos, duraderos y graves al medio ambiente natural y que fuesen excesivos en relación con la ventaja militar concreta.

En tal sentido, la protección al medio ambiente natural en la órbita del derecho penal internacional está completamente olvidada hasta tanto no se modifique el ER y se incorpore crimen que investigue y condene los graves daños contra el medio ambiente. La CPI, como se reitera, no puede actuar sin crimen que sea de su competencia en aras de no trasgredir el principio de legalidad y hoy en día, no puede aplicar la jurisdicción universal.

En consecuencia, el sistema Universal de protección del medio ambiente natural de manera vinculante y contenciosa la ejerce la CIJ, quien ha emitido sentencias relevantes contra Estados. Por demás, a partir de 1993, la CIJ crea una Sala medioambiental donde se dedica a los asuntos relacionados en la materia (Gros Abad, 2014, pág. 44).

Pero a la CIJ solo pueden acudir los Estados Parte que hayan reconocido y ratificado la Carta de Naciones Unidas y acepten la competencia de la CIJ (Estatuto de la Corte Internacional de Justicia, 1945, Art. 34), entendiendo que los Estados que no sean Parte, no podrán someterse a su jurisdicción, dejando entonces fuera del alcance litigioso todos aquellos asuntos que atañen a lo señalado en el Art 36 o cuando además los implicados no concurran a: i) un acuerdo especial, ii) una cláusula jurisdiccional o iii) reconocimiento recíproco de declaraciones hechas por los Estados de los términos del Estatuto (Corte Internacional de Justicia, 2023).

En todo caso, las investigaciones y eventuales condenas que emita la CIJ recaen siempre contra Estados. Algunos de ellos que reconocen la competencia de la CIJ y otros a quienes se les aplica la jurisdicción en los eventos anteriormente indicados. Esta Corte no condena a personas naturales, lo que limita los principios de prevención general y especial del derecho penal en materia medio ambiental que investiga y sanciona la CIJ.

A su vez, en asuntos medio ambientales la CIJ se ha pronunciado sobre la responsabilidad de los Estados cuando éstos omiten el deber de control y vigilancia de las actividades que desarrollan las empresas en sus territorios y en donde se ocasionen daños al medio ambiente natural. Si bien muchas de las actividades empresariales son legales y acordes con el modelo de desarrollo del Estado, existe una tendencia a nivel mundial de actuar bajo el principio *"quien contamina paga"* reduciendo la responsabilidad penal en daños ambientales a un mero aspecto pecuniario, de reconocimiento y pago de indemnizaciones.

Al fallar entonces la prevención sobre posibles daños al medio ambiente natural y en su lugar, producirse los mismos, al derecho solo le queda tratar de remediar el daño imponiendo sanciones sobre el responsable de carácter administrativo y no penal, en su mayoría, cuando el derecho interno no contemple la responsabilidad penal a personas jurídicas. Empero, pese a desplegarse acciones para mitigar los daños perpetrados, los ecosistemas no se recuperan al cien por ciento y los efectos pueden durar por un largo periodo de tiempo.

Hasta ahora, el derecho administrativo es el instrumento más utilizado para afrontar las irregularidades ambientales. Así, aunque en la legislación ambiental también se ha empleado el derecho civil, ésta es eminentemente administrativa. El derecho penal actúa en supuestos de mayor gravedad (Vercher Noguera, 2024, págs. 28, 29).

En el plano internacional se puede distinguir entonces dos posibles tratamientos de responsabilidad penal sobre daños al medio ambiente natural. El primero, que concibe como responsable a las empresas, estando o no en desarrollo de su actividad corporativa y el segundo, el que identifica o endilga responsabilidad directamente a los Estados, en ejercicio de la función pública causados por sus agentes o por la omisión del deber funcional de control y vigilancia.

Los sistemas europeo y asiático han trabajo mucho más sobre la responsabilidad penal a personas jurídicas y modelos corporativos; el sistema americano (a excepción de Estados Unidos y Canadá) y el africano, lo han hecho sobre la responsabilidad a Estados por daños contra el medio ambiente natural.

Cada sistema acude a directrices de derecho internacional y derecho interno para interpretar las normas en casos concretos. De esta forma, los operadores judiciales realizan un ejercicio de derecho comparado, derecho internacional y adecuación típica, según corresponda, partiendo de las recomendaciones y resoluciones emanadas de la ONU (que no cuentan con fuerza coercitiva), hasta llegar a sanciones penales o administrativas conforme al derecho interno.

Se insiste que las declaraciones pese a ser actos por medio de los cuales los Estados manifiestan su apoyo a principios generales que consideran de gran valor, no se adoptan con la fuerza vinculante de los tratados ni con su formalidad, pero podrían llegar a tener fuerza vinculante independiente si la declaración recoge una norma consuetudinaria, materializa su formación, o podrían ser el punto de partida para el surgimiento de nueva norma consuetudinaria, aun cuando con posterioridad sea codificada íntegramente en un tratado internacional (Rodríguez, 2014, pág. 713).

El Pacto Internacional de Derechos Económicos, Sociales y Culturales (PIDESC), entrado en vigor el 3 de enero de 1976, es una de esas consignas que proclaman principios, pero es absolutamente relevante para el reconocimiento y desarrollo progresivo de los DESC (Derechos económicos, sociales y culturales). En su artículo 12, manifiesta que los Estados parte reconocen que todas las personas tienen derecho al más alto nivel posible de disfrute de la salud física y mental, y el mejoramiento del medio ambiente en todos sus aspectos (Pacto Internacional de Derechos Económicos, Sociales y Culturales, 1966, Art. 12 B).

Este instrumento es referencia para los órganos y Tribunales internacionales en derechos humanos que interpretan la progresión de los DESC en cabeza de los Estados, de conformidad con las obligaciones internacionales a las que se someten, como garantes del respeto y la promoción de los derechos humanos.

Sin embargo, la sociedad civil es quien ha demandado la exigencia y el respeto de los DESC en tiempos recientes, verbigracia, el caso Urgenda significa un gran avance para el derecho internacional en materia medio ambiental, ya que se interpretaron normas *Soft Law* expedidas por la ONU y se hicieron vinculantes por medio del derecho interno.

Urgenda es una ONG que solicitó una orden judicial para obligar a Países Bajos a reducir la emisión de gases efectos invernadero en un 40% antes de 2020, o al menos un 25% en comparación con 1990. En 2015, el Tribunal del Distrito dio la razón a Urgenda y ordenó al Estado a reducir la emisión de gases efecto invernadero al menos en un 25% a finales 2020, en comparación con 1990. Para 2018, el Tribunal de Apelación confirmó la sentencia del Tribunal de Distrito (Caso Urgenda, 2019, págs. 2, 3).

La Corte Suprema de los Países Bajos consideró que el Estado está obligado a lograr esa reducción, debido al riesgo e impacto severo que el cambio climático podría tener en las vidas y el bienestar de sus residentes (Caso Urgenda, 2019, págs. 4, 5). Este fallo es emblemático porque surge como iniciativa de la sociedad y los activistas de los derechos ambientales, por un lado, y por otro, porque los operadores de justicia aplican las convenciones y resoluciones sobre el cambio climático, no a manera de directriz abstracta, sino con efecto sancionador sobre los Estados, lo que abre la posibilidad que esta decisión sea un precedente jurisprudencial en litigios similares y más países puedan ser condenados por no actuar contra el cambio climático.

En ese sentido, los Tribunales de Holanda y Países Bajos que conocieron la causa en primera, segunda instancia y casación, dan la posibilidad de que los Estados al fracasar en sus compromisos internacionales en la lucha contra el cambio climático y no prevenir las consecuencias derivadas de este, sean igualmente responsables por acciones u omisiones que afectan de manera directa la vida, la salud y el bienestar de sus ciudadanos (aun cuando no exista norma concreta en el CEDH que proteja el derecho al medio ambiente de forma autónoma), por no actuar para reducir el impacto del cambio climático y la producción de gases efecto invernadero. Así lo estimó el Tribunal Holandés con fundamento en el principio de interpretación conforme, que parte de la presunción que el Estado tiene la voluntad de cumplir los compromisos internacionales, lo que permite la aplicación directa de normas internacionales (Rodríguez García, 2016, págs. 11, 12).

Entendió el órgano decisor que el medio ambiente es un derecho humano por su relación con tres vertientes a saber: salud, bienestar humano y producción de alimentos en protección de generaciones actuales y futuras. Esa tendencia acogida tanto por la CorteIDH y recientemente por el TEDH (Rodríguez García, 2016, págs. 20, 21).

La decisión Urgenda emplea también el Principio de objetivación de tutela ambiental, que se basa en que la toma de decisiones en materia ambiental debe estar soportada en estudios técnicos y científicos que justifiquen la necesidad de su ejecución (Rodríguez García, 2016, pág. 10). Este principio es llamado también principio de vinculación a la ciencia y a la técnica, pues pretende acreditar las decisiones ambientales en estudios serios, exhaustivos y comprensivos para garantizar el menor impacto posible (Peña Chacón, 2023).

Uno de los aspectos relevantes para considerar la creación del crimen de Ecocidio es precisamente el elevado costo para las partes la obtención y el estudio de evidencias científicas con personal altamente calificado, lo que muestra una dificultad enorme en materia litigiosa, pues en la mayoría de los casos quienes son víctimas de daños al medio ambiente son quienes menos recursos económicos detentan y quienes menos pueden acceder a una justicia equitativa, por esta razón es que parte de esta investigación se centra en el acceso público a la justicia penal internacional, donde la carga de la prueba recaiga en el Fiscal de la CPI y no en las partes.

Por último, pese a que el Estado Holandés fue sancionado en el derecho interno por su falta de acción sobre las reducciones de los gases efecto invernadero y, por ende, con el cambio climático a las que se había comprometido en el Protocolo de Kyoto, la Convención Europea sobre la Protección de Derechos Humanos y Libertades Fundamentales, el Acuerdo de París, la Convención Marco de Naciones Unidas sobre el Cambio Climático y otras; la condena también interpretó la responsabilidad aquiliana contra el Estado por daños al medio ambiente, en sustento del artículo 6:162 del código civil holandés (Rodríguez García, 2016, pág. 13).

El principio de "no causar daño" aceptado en el derecho internacional y citado en el preámbulo de la Convención Marco contra el Cambio Climático, implica que los países están llamados a rendir cuentas. De manera que se les puede pedir que contribuyan a reducir las emisiones de gases efecto invernadero, lo que justifica su responsabilidad parcial (Caso Urgenda, 2019, pág. 28).

Es por todo lo anteriormente descrito que Urgenda es el caso más representativo a nivel mundial, respecto a responsabilidad estatal sobre el fenómeno del cambio climático (Rodríguez García, 2016, pág. 6).

De modo similar, los informes del Relator Especial sobre la promoción y la protección de los derechos humanos en el contexto del cambio climático de Naciones Unidas, ha establecido elementos clave sobre los cuales se debe actuar de manera urgente a nivel global.

El informe de 26 de julio de 2022, el Relator Especial manifiesta que en la crisis derivada por el cambio climático resulta preocupante la desconexión entre quienes apoyan la economía de los combustibles fósiles y quienes son los más afectados por el cambio climático y los gases efectos invernadero, pues se muestra una enorme injusticia entre las economías desarrolladas y las que son las más pobres, por tanto, menos capaces de resistir (Relator Especial sobre la promoción y la protección de los derechos humanos en el contexto del cambio climático, 2022, pág. 3).

Para ese desequilibrio mundial se ha propuesto el término de "colonización atmosférica" dando a entender que el *"50% de los países más privilegiados económicamente son responsables del 86 % de las emisiones mundiales acumuladas de dióxido de carbono, mientras que la mitad económicamente vulnerable es responsable de solo el 14 %"* (Relator Especial sobre la promoción y la protección de los derechos humanos en el contexto del cambio climático, 2022, pág. 3).

Por supuesto, ese desequilibrio no solo se evidencia en contextos económicos. El Artículo 28 de la Declaración Universal de Derechos Humanos señala que todos los seres humanos tienen derecho a ejercer sus derechos y libertades en un orden social e internacional, que hoy en día está siendo socavado por el cambio climático ya que agrava las desigualdades, la exclusión y la marginación existentes, aumentando más las vulnerabilidades (Relator Especial sobre la promoción y la protección de los derechos humanos en el contexto del cambio climático, 2022, págs. 3, 4).

Esa alteración que repercute entonces en el orden jurídico internacional, continuará mientras siga la falta de compromiso por parte de los Estados que generan los niveles más altos de emisiones de gases efecto invernadero y la economía mundial vaya en dirección contraria a las medidas urgentes que se han de tomar; permitiendo, entre otras, que las subvenciones a los combustibles fósiles sean de unos 500.000 millones de dólares anuales como lo indican algunos estudios (Relator Especial sobre la promoción y la protección de los derechos humanos en el contexto del cambio climático, 2022, págs. 4, 5 y 6).

De modo que la ausencia de acciones efectivas contra el cambio climático en especial de los países con economías sólidas que apoyan las economías basadas en combustibles fósiles y que además destinan grandes rubros a subvencionar ese sistema, perturba de manera profunda el orden jurídico internacional de los derechos humanos impidiendo ejercer a varios de los derechos consagrados en la Declaración Universal de los derechos humanos y el PIDESC.

La Observación General No. 26 del Comité de Derechos Económicos, Sociales y Culturales refiere incluso que el cambio climático conlleva a la degradación de las tierras y la degradación ambiental debido a la sobreexplotación, la insostenibilidad de ciertas prácticas agrícolas y, en suma, su gestión deficiente que provoca en cadena, la degradación del agua e inseguridad alimentaria. Siendo la tierra esencial para garantizar otros derechos como el medio ambiente limpio y saludable, su uso sostenible constituye la base del desarrollo de otros derechos como la vivienda, el acceso a los alimentos, y las prácticas sociales, culturales y religiosas (Consejo Económico y Social. Naciones Unidas, 2023, págs. 1, 2).

Asimismo, las disputas por el acceso, el uso y el control de la tierra además de afectar de manera directa o indirecta el disfrute de otros derechos como se ha mencionado, ha provocado la aparición de litigios fronterizos, nacionales y transnacionales. La falta de acceso a la tierra para establecer una vivienda o a recursos básicos como el agua, aumenta el riesgo de producir desplazamientos y desalojos forzosos (Consejo Económico y Social. Naciones Unidas, 2023, págs. 2, 3).

Entre las definiciones dadas a las personas desplazadas a causa del cambio climático que va en ascenso está la de "refugiados debido al cambio climático" que, pese a no ajustarse a la Convención sobre el Estatuto de los Refugiados y su Protocolo, reconoce la existencia del fenómeno en aumento de las personas desplazadas a medida que los efectos del cambio climático se agravan (Relator Especial sobre la promoción y la protección de los derechos humanos en el contexto del cambio climático, 2023, págs. 2, 3).

Esta población de hecho, al mismo tiempo que siguen siendo objeto de numerosas violaciones a sus derechos humanos, se encuentran en un limbo en el derecho internacional porque este no se ocupa de las cuestiones atinentes al cambio climático, salvo contadas excepciones como las obligaciones de no devolución cuyo propósito es impedir que un refugiado sea obligado a regresar a su país (Relator Especial sobre la promoción y la protección de los derechos humanos en el contexto del cambio climático, 2023, pág. 10 y 19).

Por último, *"mientras que un 45 % de los países de América Latina y un 36 % de los países de África cuentan con cláusulas climáticas, ningún país en Europa y América del Norte dispone de este tipo de cláusulas"* y aunque la tendencia es a que los Estados revisen y modifiquen sus constituciones que involucren derechos y protección de las personas con enfoque del cambio climático, no se ha establecido un vínculo del todo claro entre las obligaciones de derechos humanos y el cambio climático (Relator Especial sobre la promoción y la protección de los derechos humanos en el contexto del cambio climático, 2023, pág. 4).

Recientemente con la Resolución de 22 de febrero de 2024, de la presidenta de la CorteIDH, se citó a audiencias públicas con el fin de escuchar los argumentos de peticionarios e intervinientes en la solicitud propuesta por los países de Chile y Colombia con miras a que este órgano se pronunciase sobre emergencia climática y derechos humanos (Presidencia de la Corte Interamericana de Derechos Humanos, 2024). Se está a la espera de resultados.

Así las cosas, el panorama universal nos muestra un discurso más preocupante conforme transcurre el tiempo sobre los efectos del cambio climático a las generaciones de ahora pero sobre todo a las futuras, sin que el derecho internacional y hasta el derecho internacional de los derechos humanos imponga lineamientos claros a nivel global sobre la protección a los derechos de los seres vivos y los ecosistemas para garantizar la vida y el pleno ejercicio de los derechos que requieren de un ambiente sano para ser desarrollados.

Sin embargo, la reiterada y uniformada práctica por salvaguardar el medio ambiente y el uso sostenible de los recursos naturales ha promovido que se declare costumbre internacional y, por consiguiente, *ius cogens* la defensa del medio ambiente. Este aspecto será analizado en los capítulos a continuación se desarrollarán.

2.2. SISTEMA EUROPEO

El Convenio Europeo de Derechos Humanos (CEDH) y sus Protocolos que crea y orienta al Tribunal Europeo de Derechos Humanos (TEDH), no garantiza el derecho al medio ambiente saludable en todo su articulado, pero sí el derecho al respeto de la vida privada y familiar (Agencia de los Derechos Fundamentales de la Unión Europea y Consejo de Europa, 2016, pág. 192).

Aunque el CEDH no incorpora la protección del medio ambiente, la jurisprudencia del TEDH que interpreta el Convenio, ha construido un derecho fundamental al medio ambiente a partir de normas como el derecho al debido proceso, la intimidad, propiedad, integridad, etc. (Vercher Noguera, 2024, págs. 37, 38).

La protección del medio ambiente como derecho en el sistema europeo de derechos humanos, se remite a lo dispuesto dentro de cada país a nivel legislativo. Algunos Estados protegen el medio ambiente como derecho constitucional, modificando sus constituciones para incluirlo y otros, lo hacen por medio de reformas a sus códigos penales otorgándole la calidad de delito.

Resulta ser bastante discutible que el sistema regional de protección de derechos humanos más antiguo y que actúa como modelo para los demás, sea el de menor protección al medio ambiente por no hallarse en el Convenio que lo regula, norma alguna que lo determine como derecho humano de manera directa, forzando a interpretar las normas y los derechos del CEDH a lo más favorable en materia medio ambiental, y por conexidad con otros derechos que sí están descritos en el instrumento.

Por tal razón, el medio ambiente en el sistema regional de derechos humanos europeo recibe protección conforme el derecho interno de cada país, pero aquellos Estados que son parte de la Unión Europea se acogen a las directivas emitidas por este órgano en la materia.

La Unión europea como una asociación económica y política compuesta por veintiocho (28) Estados europeos cuyo propósito es la cooperación económica (Centro de documentación europea, 2024), se somete, verbigracia, a las premisas de la Directiva 2004/35/CE del 21 de abril de 2004, sobre responsabilidad medioambiental en relación con la prevención y reparación de daños medio ambientales.

Como se observó a la introducción de este capítulo, si hemos de encasillar un modelo generalizado supranacional que se aplica en el continente europeo sobre daños al medio ambiente, es justamente sobre las sanciones financieras que el declarado responsable tiene lugar, conforme la aplicación del principio de "quien contamina paga" y no propiamente sobre responsabilidad penal o judicialización de violadores a derechos humanos, aunque también puede darse si el derecho interno de cada país así lo estima.

Siendo así, la Directiva en cita establece un marco para la prevención y reparación de los daños medio ambientales, entendiendo que no resulta ser suficiente su alcance por los Estados miembros y por ello, debe tener dimensión e incidencia en las normas comunitarias de la UE (Parlamento europeo, 2004, Numeral 3). El artículo 2 de la Directiva define lo que se entenderá como daño ambiental, estado de conservación, operador, actividad profesional; entre otras.

No obstante, lo realmente significativo para esta investigación está en el artículo 4, ya que entre las excepciones que contempla para no aplicar la directiva por daños y amenazas inminentes a estos, están los provocados por: "*a) un acto derivado de un conflicto armado, hostilidades, guerra civil o insurrección. b) un fenómeno natural de carácter excepcional, inevitable e irresistible*" (Parlamento europeo, 2004, Art. 4).

En lo que atañe al literal *a,* queda claro que la UE es respetuosa del derecho penal internacional y de la posibilidad que se cometan daños al medio ambiente en el marco de un conflicto armado como crimen de guerra, tal y como se estudió en el capítulo 1. Incluso, en la Directiva se reconoce que, en el mecanismo de la responsabilidad, no se puede subsanar todas las formas de daño medioambiental (Parlamento europeo, 2004, numeral 13); reafirmando la proposición que algunas ramas del derecho, entre ellas la penal, puede y debe regular los daños ambientales en su área de conocimiento.

La eficacia del mecanismo de responsabilidad está en que pueda identificarse uno o más contaminantes, que los daños sean concretos y cuantificables, y se determine un vínculo causal entre los daños y los contaminantes. Por esta razón, indica la Directiva, *"la responsabilidad no es un instrumento adecuado para abordar la contaminación de carácter extendido y difuso, en la cual es imposible asociar los efectos medioambientales negativos con actos u omisiones de determinados agentes individuales"* (Parlamento europeo, 2004, numeral 13).

En consecuencia, para el año 2008 la UE emite la Directiva 2008/99/CE, relativa a la protección del medio ambiente mediante el Derecho Penal, en un esfuerzo tal vez, por remediar el vacío legal en perseguir y condenar a los responsables de daños al medio ambiente por medio del derecho penal, que no contaba para esa fecha, con algún lineamiento siquiera orientativo en el continente europeo de carácter punitivo.

El objeto de la Directiva 2008/99/CE, es establecer medidas relacionadas con el derecho penal para proteger con mayor eficacia el medio ambiente ofreciendo unas normas mínimas que los Estados pueden adoptar, o bien, pudiendo mantener medidas más restrictivas que en todo caso continúe con la finalidad de proteger eficazmente el medio ambiente mediante el derecho penal (Parlamento europeo, 2008, numeral 12 y Art. 1).

Pese a conceder cierta discrecionalidad a los países miembros de la UE para realizar reformas legislativas con el fin de cumplir el objetivo de la Directiva, el Artículo 3 exhorta a que los Estados por lo menos, tendrán que asegurarse que las conductas descritas a continuación, constituyan delito cuando sean ilícitas y se cometan a título doloso o, aunque sea por imprudencia grave (Parlamento europeo, 2008, Art. 3).

> **(…) Artículo 3.– Delitos. (…)**
> a) el vertido, la emisión o la introducción en el aire, el suelo o las aguas de una cantidad de materiales o de radiaciones ionizantes que cause o pueda causar la muerte o lesiones graves a personas o daños sustanciales a la calidad del aire, la calidad del suelo o la calidad de las aguas o a animales o plantas;
> b) la recogida, el transporte, la valoración o la eliminación de residuos, incluida la vigilancia de estos procedimientos, así como la posterior reparación de instalaciones de eliminación, e incluidas las operaciones efectuadas por los comerciantes o intermediarios (aprovechamiento de residuos), que causen o puedan causar la muerte o lesiones graves a personas o daños sustanciales a la calidad del aire, la calidad del suelo o la calidad de las aguas o a animales o plantas;
> c) el traslado de residuos, cuando dicha actividad esté incluida en el ámbito de aplicación del artículo 2, apartado 35, del Reglamento (CE) no 1013/2006 del Parlamento Europeo y del Consejo, de 14 de junio de 2006, relativo a los traslados de residuos (1) y se realice en cantidad no desdeñable, tanto si se ha efectuado en un único traslado como si se ha efectuado en varios traslados que parezcan vinculados;
> d) la explotación de instalaciones en las que se realice una actividad peligrosa, o en las que se almacenen o utilicen sustancias o preparados peligrosos y que, fuera de dichas instalaciones, causen o puedan causar la muerte o lesiones graves a personas, o daños sustanciales a la calidad del aire, la calidad del suelo o la calidad de las aguas o a animales o plantas;
> e) la producción, la transformación, el tratamiento, la utilización, la posesión, el almacenamiento, el transporte, la importación, la exportación y la eliminación de materiales nucleares u otras sustancias radiactivas peligrosas que causen o puedan causar la muerte o lesiones graves a personas, o daños sustanciales a la calidad del aire, la calidad del suelo o la calidad de las aguas o a animales o plantas;
> f) la matanza, la destrucción, la posesión o la apropiación de especies protegidas de fauna o flora silvestres, a excepción de los casos en los que esta conducta afecte a una cantidad insignificante de estos ejempla-

> res y tenga consecuencias insignificantes para el estado de conservación de su especie;
> g) el comercio de ejemplares de especies protegidas de fauna y flora silvestres o de partes o derivados de los mismos, a excepción de los casos en los que esta conducta afecte a una cantidad insignificante de estos ejemplares y tenga consecuencias insignificantes para el estado de conservación de su especie;
> h) cualquier conducta que cause el deterioro significativo de un hábitat dentro de un área protegida;
> i) la producción, la importación, la exportación, la comercialización o la utilización de sustancias destructoras del ozono. (Parlamento europeo, 2008, Art 3).

La absoluta relevancia de esta Directiva no se halla únicamente en la tipificación de conductas que pueden catalogarse como punibles, sino que incluye cuál debe ser la naturaleza de dicha conducta (dolosa o con imprudencia grave), el grado de autoría o participación que puede darse (Arts. 3 y 4) y los sujetos responsables penalmente (Arts. 3, 4 y 6).

En clave a la responsabilidad de las personas jurídicas, la Directiva indica que los Estados se asegurarán que puedan ser consideradas responsables por los precitados delitos cuando hayan sido cometidos en su beneficio por cualquier persona, ya sea a título individual o como parte de un órgano dentro de esta, cuando se tenga una posición directiva y se base en: *"a) un poder de representación de la persona jurídica, b) una autoridad para tomar decisiones en nombre de la persona jurídica, o c) una autoridad para ejercer control dentro de la persona jurídica"* (Parlamento europeo, 2008, Art. 6).

Entonces, con base en las directrices impartidas por la UE, los Estados miembros han ajustado o tendrán que ajustar su derecho interno para que se pueda lograr endilgar responsabilidades por daños al medio ambiente buscando evitar la impunidad. En el marco de la Directiva 2008/99/CE, esta puede recaer en personas físicas y jurídicas.

En parte, el discurso de la criminología verde que se encarga principalmente del estudio del daño ambiental como crimen (Morelle Hungría, 2020, pág. 4), se ha instalado en las proyecciones de la UE dentro del denominado "plan verde" que reúne una serie de lineamientos a favor del medio ambiente a corto, mediano y largo plazo.

Países como España, desde antes de proferirse las Directivas 2004/35/CE y 2008/99/CE, estaban debatiendo sobre la creación de delitos ambientales.

La reforma al código penal español en 1983 trajo la incorporación de delitos contra el medio ambiente llamando al primer delito de esta categoría "delito ecológico", como respuesta a la necesidad social de combatir las agresiones sufridas al medio ambiente, convirtiéndolo por primera vez en bien jurídico autónomo, distinto de la salud pública (Matallín Evangelio, 2022, pág. 388). El Código Penal de 1995, consideró al medio ambiente objeto de tutela digno de protección por sí mismo (Cuerda Arnau, 2023, pág. 173).

El Tribunal Supremo Español en una primera postura sobre el artículo 347 del Código Penal, sobre el delito al medio ambiente, sostuvo que existía un único supuesto en el que el delito contra el medio ambiente era un delito de peligro concreto porque las conductas serán lesivas siempre que *"puedan perjudicar gravemente el equilibrio de los sistemas naturales"* (Vercher Noguera, 2003, págs. 235, 243).

La peligrosidad en este tipo de delitos se comprueba en un juicio *ex post,* que verifica que se haya producido una situación de riesgo real, identificable con el bien jurídicamente protegido (Vercher Noguera, 2018, pág. 195).

Inicialmente, el artículo 347 bis se planteó como un delito de peligro cualificado por su gravedad, que trataba de delitos de peligro concreto, posteriormente evolucionó a la postura de peligro abstracto o hasta hipotético (Vercher Noguera, 2018, págs. 195, 196).

En ese sentido, para que el delito se encuentre consumado alcanza con acreditar la existencia del peligro o el riesgo grave, aun cuando no se materialice algún perjuicio a otros bienes jurídicos (Vercher Noguera, 2003, pág. 245).

En los delitos de peligro abstracto, el juicio de la peligrosidad es *ex ante* y basta con que se hubiera realizado una acción idónea para causar daño ambiental, sin que al juzgador se le exija comprobar la existencia de ese peligro real (Vercher Noguera, 2018, pág. 195).

Consecuentemente, con base en los mandatos de la UE, paulatinamente los países que la integran se han encaminado a reformar su derecho interno para alcanzar una protección efectiva sobre el medio ambiente con enfoques de responsabilidad administrativa y penal. Entre los mandatos a seguir, se encuentra la inclusión de la responsabilidad a personas jurídicas como perpetradores de daños al medio ambiente que contempla sus formas propias de comisión, al interior del sistema jurídico de cada país.

Como se observa, algunos Estados han tenido una evolución sobre asuntos ambientales en sus correspondientes ordenamientos jurídicos que son anteriores a la propia creación de la UE, pero es sólo a partir de los lineamientos que este órgano ha emitido, que los Estados miembros, en busca de asegurar el derecho comunitario y la cooperación entre Estados, han aunado esfuerzos en resaltar la importancia de temas ambientales y el discurso ha trascendido a escenarios internacionales.

La necesidad de proferir las Directivas surge de la insuficiencia en los sistemas de las sanciones administrativas y civiles para disuadir las conductas dañinas al medio ambiente, así como por la búsqueda de una desaprobación social contundente hacia esas conductas. En suma, son reflejo de un compromiso europeo a favor del medio ambiente (Ruíz Poveda, 2024, pág. 7) (Alzina Lozano, 2023).

Al respecto, como se mencionó en apartes anteriores, desde el Consejo Consultivo de Fiscales Europeos del Consejo de Europa, ha surgido una importante iniciativa que promueve especializar a los Fiscales Europeos en los delitos ambientales en procura qué, como operadores de justicia, entiendan el delito y apliquen las sanciones correspondientes con la finalidad de reducir la impunidad en los delitos ambientales.

Aunque esta iniciativa ha sido valiosa para el derecho penal internacional el inconveniente sigue siendo ¿cómo se sanciona a los responsables de causar graves daños al medio ambiente en el continente europeo, en los países que no hacen parte de la UE cuando en su derecho interno no se proteja el medio ambiente por vía penal, administrativa o constitucional? Incluso, ¿cómo se podría lograr implementar dicha propuesta? si las resoluciones del Consejo de Europa no tienen capacidad obligatoria ni conminadora, por lo que se les resta importancia (Vercher Noguera, 2018, pág. 341).

Esta cuestión sigue perpetuando la laguna jurídica en la que operan los responsables de graves daños ambientales sin que justamente sean tildados como "responsables", sean procesados ni condenados internacionalmente por sus actos.

2.3. SISTEMA AMERICANO

En el continente americano pueden distinguirse dos modelos de protección en asuntos ambientales a los que he denominado: **el casuístico o de precedente**, dado en Estados Unidos y Canadá y el **convencional**, que se aplica en la mayoría de los países latinoamericanos que hacen parte de la OEA. Esta distinción empleada sólo en la presente investigación tiene como propósito no acudir a los modelos tradicionales de *civil law* y *common law* y sus respectivos orígenes, sino exponerle al lector de manera más sencilla, la dinámica de la responsabilidad en daños medioambientales en el continente americano y su protección.

En el contexto de la responsabilidad por daños al medio ambiente, se aplica la precitada responsabilidad aquiliana o también denominada responsabilidad extracontractual (González Hernández, 2012, pág. 181). Esta responsabilidad se ha aplicado primordialmente en modelo casuístico o de precedente judicial donde es el juez quien determina si la consecución del daño da lugar a una reparación y establece la cuantía de este.

Lo anterior no es óbice para desconocer los tres tipos de reparaciones que tiene el Tribunal Interamericano en sus competencias, las cuales son: "*1. garantizar el goce de los derechos y libertades previsto en el corpus iuris interamericano, 2. Reparar las consecuencias de las violaciones cometidas por agentes privados o estatales y 3, ordenar el pago de una indemnización justa*" (Gregor & María, 2014, pág. 53); pero un aspecto es la reparación por responsabilidad civil extracontractual que se establece con base en la configuración de un daño, conocida como responsabilidad aquiliana que data desde el derecho romano, y otro es el desarrollo jurisprudencial (a raíz de la interpretación de la Convención Americana de Derechos Humanos- CADH), que se realiza en el Sistema Interamericano de Derechos Humanos- SIDH sobre la garantía de reparación a las víctimas por la vulneración de los derechos consagrados en el Pacto de San José.

En el caso particular de Estados Unidos de América en materia de protección ambiental y siendo parte de la OEA que se acoge al Pacto de San José, también conocida como Convención Americana de Derechos Humanos- CADH (que crea y acepta la de competencia de la CorteIDH y la CIDH), ha dejado la resolución de litigios ambientales a su jurisdicción interna y aplica, además, la responsabilidad corporativa.

Tan sólo en 2021, a nivel global, se reportaron 266 nuevos litigios climáticos. Estados Unidos sigue siendo el país con mayores causas de litigio climático con 1590 (Relator Especial sobre la promoción y la protección de los derechos humanos en el contexto del cambio climático., 2023, pág. 8). A pesar de ello, esta investigación no tratará con el modelo de precedente o casuístico, ya que el objetivo esencial es develar la protección o no que recibe el medio ambiente en las convenciones de derecho penal internacional y de derechos humanos, en contraste con el contenido actual del ER y la importancia de su actualización en un crimen internacional hoy inexistente, no la resolución de causas ambientales en el sistema *Common Law,* en sentido estricto.

Sin embargo, basta con indicar que en sala de apelaciones ante la OMC (Organización Mundial del Comercio) en el caso Estados Unidos – Camarones, se interpretaron disposiciones del derecho internacional sobre los términos *"recursos naturales agotables"* y *"las preocupaciones contemporáneas de la Comunidad de naciones por la protección y conservación del medio humano"* (Rodríguez, 2014, pág. 709) (Organización Mundial del Comercio, 1998, pág. 129), lo que denota la relevancia del derecho internacional en los ordenamientos jurídicos de cada Estado y la predisposición de atender contingencias sobre el deterioro del medio humano y los recursos naturales a futuras generaciones.

Particularmente, la tímida tendencia de los operadores de justicia en Estados Unidos que por una parte intentan frenar algunas actividades corporativas que atentan contra el bienestar social, la salud y el medio ambiente, pero por otra, no quieren trasgredir la política del Gobierno que no muestra un interés real en combatir el cambio climático, visible como se indicó, en la renuencia a ratificar Tratados internacionales sobre la materia.

Por otra parte, hay que precisar que el sistema de protección de los derechos humanos internacionales y regionales tienen carácter subsidiario, ello significa que actúan como *ultima ratio* cuando se hayan agotado todas las vías administrativas y judiciales nacionales para hacer efectiva la protección a los derechos humanos vulnerados o los mecanismos de protección internos sean insuficientes o inexistentes para hacerlos efectivos (Steiner & Uribe, 2014, pág. 7).

De ese modo, aunque la protección por antonomasia de los derechos humanos debe ejercerla los sistemas jurídicos internos y los operadores de justicia de cada país, el Sistema Interamericano ha enfatizado que los Estados cuando han adquirido una obligación a nivel internacional se espera que sean cumplidos de buena fe, tal y como lo preceptúa el principio *pacta sunt servanda.* También, que cada país, en ejercicio de sus facultades soberanas las incorporará en su derecho interno y velará por hacerlas efectivas (Steiner & Uribe, 2014, pág. 8).

En suma, pese a que el SIDH tiene competencia subsidiaria, las decisiones, sentencias u opiniones, son de alto valor al momento de interpretar las obligaciones de los Estados americanos, por esto, la CorteIDH elaboró la doctrina del control de convencionalidad que señala que los órganos estatales en el marco de sus competencias deben acudir a la Convención Americana de Derechos Humanos-CADH y las interpretaciones que la CorteIDH ha realizado sobre ella (Steiner & Uribe, 2014, pág. 13).

La CorteIDH entonces en este estudio, representa el modelo convencional en el continente americano por crear, aplicar e interpretar el control de convencionalidad. En asuntos ambientales, la CorteIDH inició la interpretación de la CADH ubicando el medio ambiente dentro de la categoría de los DESC bajo el principio de progresividad por su conexidad con los derechos civiles y políticos.

> Refiere el Artículo 26 de la CADH,
>
> CAPÍTULO III. DERECHOS ECONÓMICOS, SOCIALES Y CULTURALES
>
> **Artículo 26.– Desarrollo progresivo**
> Los Estados Partes se comprometen a adoptar providencias, tanto a nivel interno como mediante la cooperación internacional, especialmente económica y técnica, para lograr progresivamente la plena efectividad de los derechos que se derivan de las normas económicas, sociales y sobre educación, ciencia y cultura, contenidas en la Carta de la Organización de los Estados Americanos, reformada por el Protocolo de Buenos Aires, en la medida de los recursos disponibles, por vía legislativa u otro medios apropiados (Convención Americana de Derechos Humanos, 1969).

Este artículo no posee abundante jurisprudencia en la CorteIDH (Courtis, 2014, pág. 656) y aunque la CADH no contempló tampoco en principio de manera clara la relación entre medio ambiente y derechos humanos, se hace efectiva la protección del medio ambiente a través de los demás derechos humanos. En temas ambientales específicamente, el Protocolo Adicional de San Salvador fija en su artículo 11.1, el derecho de todos a vivir en un ambiente saludable (Borrás, 2015, pág. 77) (Varela Tabares, 2021, pág. 77).

La noción de desarrollo progresivo está ligado a la idea de gradualidad, lo que se traduce en que tanto la CADH y el PIDESC reconocen que la plena efectividad de los DESC *no puede lograrse inmediatamente, sino que requiere la toma de medidas paulatinas, en algunos casos escalonadas temporalmente, y la administración de recursos escasos, que implica la necesidad de optar entre objetivos"* (Courtis, 2014, pág. 672).

En opinión consultiva OC-23/17, la CorteIDH resaltó el estrecho vínculo entre la vigencia de los DESC (que incluye el derecho a un medio ambiente sano) y los derechos civiles y políticos indicando que pese a ser categorías distintas, constituyen un todo indisoluble que encuentra su base en el reconocimiento de la dignidad de la persona humana, por lo que exige una permanente tutela y protección, sin que se justifique su violación por la realización de otros derechos (Corte Interamericana de Derechos Humanos, 2017, pág. 22).

La cuestión latinoamericana es particular en lo que concierne al derecho a la vida digna y el territorio, porque el derecho a la propiedad colectiva de los pueblos indígenas y tribales entrelaza la protección y acceso a los recursos que se hallan en los territorios de los pueblos y que son necesarios para la supervivencia, desarrollo y continuidad del estilo de vida de dichos pueblos. En otras palabras, el Tribunal ha indicado la relevancia de un medio ambiente sano, con la protección de derechos humanos para el territorio ancestral y los recursos naturales de los que dispone y requiere el pueblo indígena o tribal en su proyecto de vida, en dimensión individual y colectiva (Corte Interamericana de Derechos Humanos, 2017, pág. 22).

Por lo tanto, la CorteIDH en sus facultades sobre la determinación de obligaciones estatales, puede hacer uso de los principios, derechos y obligaciones del derecho ambiental internacional, que corresponde en parte al *corpus iuris* internacional debido a la interdependencia e indivisibilidad de los derechos humanos y la protección del medio ambiente que reafirma la conexión de la protección al medio ambiente, desarrollo sostenible y derechos humanos. El SIDH incluso reconoce el derecho al medio ambiente sano como un derecho en sí mismo (Corte Interamericana de Derechos Humanos, 2017, págs. 25, 26). Resultado de la evolución del principio de progresividad en la temática ambiental.

La CorteIDH atribuye el derecho al medio ambiente sano como un derecho autónomo porque aún en ausencia de certeza o evidencia sobre el riesgo a las personas individuales y derechos personalísimos, lo que se trata es de proteger la naturaleza y el medio ambiente de los efectos de su degradación sobre los demás organismos vivos con quienes comparte planeta, no sólo la especie humana, y que también son merecedores de protección. En virtud de ello, la CorteIDH ha instaurado la tendencia de otorgar personería jurídica y derechos a la naturaleza en sentencias judiciales y ordenamientos constitucionales (Corte Interamericana de Derechos Humanos, 2017, págs. 28, 29). De modo que ahora se hable de los DESCA (Derechos económicos, sociales, culturales y ambientales), incluidos como otra categoría y evolución de los DESC.

En la Opinión Consultiva OC-23/17, se pueden identificar también tres grandes bloques en los cuales la CorteIDH abordó el derecho al medio ambiente sano *"i) la jurisdicción en materia ambiental, ii) la relación de otros derechos humanos con el derecho al medio ambiente y iii) las obligaciones en materia ambiental que deben observarse"* (CASO HABITANTES DE LA OROYA VS. PERÚ, 2023).

Pero en voto concurrente que hicieran los jueces Pérez, Ferrer y Mudrovitsch, en el caso de la Oroya Vs Perú, se esquematizó el desarrollo de las obligaciones en materia ambiental según la jurisprudencia de la CorteIDH como se muestra a continuación:

Ilustración 2. Desarrollo jurisprudencial de la Corte IDH sobre derechos al medio ambiente sano

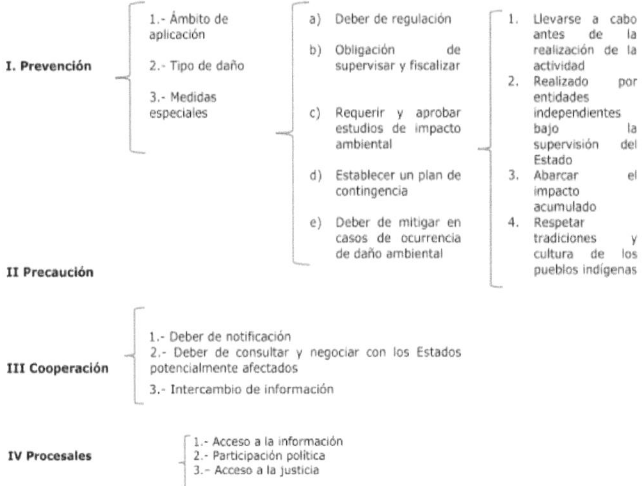

Fuente. (CASO HABITANTES DE LA OROYA VS. PERÚ, 2023, págs. 153, 154). Voto concurrente.

Así, el Artículo 26 de la CADH ha sido objeto de interpretación en escenarios más recientes que cuando inició labores la CorteIDH. Empero, fue con el caso Comunidades Indígenas miembros de la Asociación Lhaka Honhat (Nuestra Tierra) Vs Argentina de 2020, que la CorteIDH declaró por primera vez de manera contenciosa la vulneración del derecho al medio ambiente (CASO HABITANTES DE LA OROYA VS. PERÚ, 2023).

A partir del precitado caso y subsiguientemente en casos como Pueblo Saramaka Vs Surinam, Pueblo Indígena Kichwa de Sarayaku Vs Ecuador, Xákmok Kásek Vs Paraguay, Kaliña y Lokono Vs Surinam, Claude Reyes y otros Vs Chile y el más actual Habitantes de la Oroya Vs Perú, es que el desarrollo doctrinal y jurisprudencial permite lograr condenas contra Estados por violación al Artículo 26 de la CADH en lo que atañe al medio ambiente sano como derecho autónomo, por omitir el deber de vigilancia y control de las actividades desarrolladas al interior de su jurisdicción, no cumplir con el deber de permitir el acceso a la información en proyectos que pudieren generar impacto ambiental o la no realización de la consulta previa a pueblos indígenas y tribales, entre otros.

Sin embargo, sobre el pronunciamiento de la CorteIDH frente al principio de precaución, el carácter *ius cogens* de la protección del medio ambiente y las actividades empresariales nacionales y transnacionales que endilgan responsabilidad a Estados se volverá en el capítulo 3.

Desde luego, lo que hay que dejar claro es que el derecho a un medio ambiente sano protege los bosques, mares, ríos y otros, así como intereses jurídicos en sí mismos, sin contar incluso en algunos casos con la certeza o evidencia del riesgo sobre personas individuales. La CorteIDH entiende que se trata es de proteger la naturaleza no solo por su utilidad y efectos, sino por su importancia para todos los organismos vivos con quienes se comparte el planeta (CASO COMUNIDADES INDÍGENAS MIEMBROS DE LA ASOCIACIÓN LHAKA HONHAT (NUESTRA TIERRA) VS. ARGENTINA, 2020. Pág. 70. Párr. 203).

Algunos países del continente americano incluso acuden a la CADH y a su derecho interno, pues en sus constituciones se le otorga a la naturaleza el rango de derecho constitucional. Ecuador, Bolivia y Panamá, por ejemplo, han reconocido la calidad de sujeto de derecho a la naturaleza y han abierto por medio de ello, la posibilidad de reconocer a su vez el Ecocidio (Neyret, 2022., pág. 770).

En Colombia, el derecho al medio ambiente sano se ubica en el capítulo III, de los Derechos Colectivos y del ambiente (Art 79), que de manera expresa señala *que "es deber del Estado proteger la diversidad e integridad del ambiente (…)"*, este mismo mandato ha sido directriz de la CorteIDH para endilgar responsabilidad a Estados, de acuerdo con el Artículo 1 de la CADH.

Entonces, en el SIDH se parten de las premisas que: i) los Estados son los garantes, promotores y responsables de los Derechos Humanos en su jurisdicción, ii) su competencia es subsidiaria y puede impetrarse una vez se agoten los mecanismos internos o estos sean ineficaces o inexistentes frente al derecho que se entiende vulnerado, iii) el derecho al medio ambiente sano es un derecho autónomo, consigna del proceso evolutivo del principio de progresividad y la relación de los DESCA con derechos civiles y políticos, iv) se le concede la calidad de sujeto de derecho a la naturaleza y los ecosistemas.

La sentencia STC4360-2018, de la Corte Suprema de Justicia de Colombia donde se resuelve proteger la selva amazónica de la deforestación y por los graves efectos que produce la acidificación de los océanos y aumento del nivel del mar que se agrava justamente por esa actividad de deforestación, que contribuiría en cambio a contrarrestarlos, se acudió a los principios de: equidad intergeneracional, solidaridad, participación e interés superior de los niños.

El principio de equidad intergeneracional *"obliga a actuar sin más demora para no sobrecargar desproporcionadamente a los jóvenes y las generaciones futuras"* (Corte Suprema de Justicia, Sala de Casación Civil, 2018). De esta manera, el deterioro en crecimiento del medio ambiente agota paulatinamente la vida y los derechos conexos a ella, y atenta gravemente la vida actual y venidera (Corte Suprema de Justicia. Sala de Casación Civil, 2018, págs. 13, 14).

En materia ambiental, la equidad intergeneracional impone a los Estados tres deberes concretos: "*conservación de opciones; conservación de calidad y conservación de acceso*" (CASO HABITANTES DE LA OROYA VS. PERÚ, 2023, pág. 187). Deberes que pueden manifestarse en condenas estatales de no cumplirse.

En síntesis, los órganos de protección regionales del continente americano que son la CIDH y la CorteIDH, están obligadas a no retroceder en la jurisprudencia y doctrina en materia de derechos económicos, sociales y culturales, conforme a los principios de progresividad y *pro persona*. También están obligadas a aplicar el principio de favorabilidad e interpretar en el sentido más amplio la tutela a los derechos de las personas porque sus decisiones no dependen únicamente de las normas de procedimiento sino primordialmente de la evolución de los órganos y su trabajo hermenéutico (Salvioli, 2004, págs. 165, 166).

En tal evolución jurisprudencial se ha alcanzado el derecho al medio ambiente sano como derecho autónomo y la protección de los ecosistemas como sujetos de derechos y titulares de protección estatal.

En principio, en ese desarrollo jurisprudencial el medio ambiente estaba atado a la interpretación de los DESC que el artículo 26 de la CADH hiciera sobre el principio de progresividad. Este permitía el avance y la cobertura gradual y total sobre los DDHH. Ahora, ese principio de progresividad permite qué, al tiempo de imponer una condena a un Estado por vulneración de los derechos humanos contenidos en la CADH, se aborde la protección al medio ambiente sano autónomamente, ubicándolo en la categoría de los DESCA, evolución de los DESC.

En ejecución de ese principio de progresividad, poco a poco el medio ambiente ha adquirido una protección autónoma como derecho humano en el sistema interamericano, sin analizar la conexidad que sobre otros derechos humanos de la CADH pueden ocasionarse. Ya de por sí resulta ser relevante proteger los ecosistemas bajo los principios de precaución, prevención y solidaridad intergeneracional que considera esencial respetar y garantizar los derechos humanos de las víctimas actuales y las que pueden surgir a futuro en virtud de un grave daño al medio ambiente.

Esa evolución a la se ha llegado jurisprudencial y consultivamente en el sistema interamericano, actualmente marca el fundamento principal para condenar a Estados (parte del SIDH) por graves daños al medio ambiente que se produjeran en su jurisdicción o los que tuvieran injerencia en él.

En capítulos subsiguientes se mostrará como esa jurisprudencia y el trabajo de los organismos interamericanos es relevante para considerar responsabilidad penal sobre Estados y personas jurídicas.

2.4. SISTEMA AFRICANO

La Carta Africana sobre los Derechos Humanos y de los Pueblos o Carta de Banjul de 1981 y entrada en vigor en octubre de 1986, constituye el eje del sistema africano de derechos humanos y los pueblos, y es el primer documento jurídico que articula con carácter vinculante el derecho al desarrollo y algunos derechos medioambientales (Cartes Rodríguez, 2021, págs. 50, 51).

Estipula el Artículo 21 de la Carta Africana,

> *Todos los pueblos dispondrán libremente de sus riquezas y recursos naturales. Este derecho será ejercido en el exclusivo interés del pueblo. En ningún caso será pueblo alguno privado de él.*
> En caso de expoliación, el pueblo desposeído tendrá derecho a la recuperación legal de su propiedad, así como a una compensación adecuada.
> *El derecho a disponer libremente de las riquezas y recursos naturales será ejercido sin perjuicio de la obligación de promover la cooperación económica internacional basada en el respeto mutuo, el intercambio equitativo y los principios del derecho internacional.*
> Los Estados firmantes de la presente Carta ejercerán, individual y colectivamente, el derecho a disponer de sus riquezas y recursos naturales con vistas a reforzar la unidad y la solidaridad africanas.
> Los Estados firmantes de la presente Carta se comprometerán a eliminar toda forma de explotación económica extranjera, especialmente la practicada por los monopolios internacionales, con el fin de posibilitar que sus pueblos se beneficien plenamente de las ventajas derivadas de sus recursos naturales (CARTA AFRICANA SOBRE LOS DERECHOS HUMANOS Y DE LOS PUEBLOS, 1981) (Subrayado propio y fuera del texto original).

El Artículo 22 seguidamente, consagra:

> 1. Todos los pueblos tendrán derecho a su desarrollo económico, social y cultural, con la debida consideración a su libertad e identidad y disfrutando por igual de la herencia común de la humanidad.
> 2. Los Estados tendrán el deber, individual o colectivamente, de garantizar el ejercicio del derecho al desarrollo (CARTA AFRICANA SOBRE LOS DERECHOS HUMANOS Y DE LOS PUEBLOS, 1981).

La Carta Africana de Derechos Humanos y de los Pueblos otorga soberanía y autodeterminación a estos últimos para que hagan uso de los recursos naturales de los cuales dispone y necesita de manera libre, con el *único limitante* que su desarrollo respete dichos recursos naturales y se haga de manera sostenible.

La autodeterminación es un derecho que protege a un grupo como entidad grupal en lo que respecta a su participación política, así como el control sobre la actividad económica, social y cultural. Por otra parte, la libre determinación como principio, implica que las naciones tienen derecho a elegir libremente su soberanía y política internacional convirtiéndose en un derecho legal a partir de la Declaración Universal de los Derechos Humanos en su artículo 15, donde faculta a las naciones a perseguir libremente sus objetivos económicos, sociales y desarrollo cultural (Kuwali, 2015, pág. 21).

Aun cuando la Carta se instituía como un instrumento contrapuesto al colonialismo por las injerencias y violaciones de derechos provenientes de terceros Estados, no impide que dichas violaciones fuesen cometidas por dirigentes africanos contra su propia población, de ahí regímenes atroces (Cartes Rodríguez, 2021, pág. 48) y perpetradores que actualmente se encuentran condenados por la CPI, el Tribunal *Ad Hoc* de Ruanda y la Corte Especial para Sierra Leona.

Se insiste en que a pesar de que la mayoría de condenados e investigados por la CPI son ciudadanos africanos, ninguno a la fecha lo ha sido por crímenes de guerra ligados únicamente con daños al medio ambiente como método de combate o herramienta de guerra y la idiosincrasia de los conflictos en África, invocan en algunas ocasiones, problemas históricos de vieja data que han lesionado su identidad como sociedad africana y los valores culturales de sus pueblos.

Ahora bien, aunque es sabido que el trasfondo de la sociedad africana es más complejo de lo que podría parecer por la ocupación realizada por algunos países europeos y más aún, después de declarada la independencia de naciones y pueblos africanos y la colonización después de la década de los 90's que es catalogada como ilegal y llama a la reflexión del derecho internacional sobre la deuda histórica que la comunidad internacional debe moralmente a todo áfrica por beneficiarse de subordinarlos, que implicaría mejorar a los desfavorecidos de África, incluyendo el desarrollo y protección de los DESCA de las minorías; lo cierto es que en virtud del derecho consuetudinario, Europa está sometida a respetar el derecho y los tratados africanos (Van der Linden, 2016, págs. 245, 268 y 279).

Los tratados multilaterales como una forma de derecho internacional y proceso creador del derecho adoptado por los Estados (junto con la costumbre) para gobernar relaciones entre sus miembros, refleja en África más un receptor que un creador de derecho internacional, cuyos orígenes se encuentran en Europa (Maluwa, 2002, págs. 82, 84).

La adquisición de África desde la década de 1880 y las pugnas por las fronteras internacionales tras la independencia a partir de la década de 1950, ha contribuido a que "África" como concepto narrativo en la historia jurídica internacional permanezca ligada a conceptos abstractos como "dominación versus independencia", "explotación versus desarrollo", estableciendo un predominio evidente del colonialismo en la ley y el derecho internacional africano que remite a un *ius Gentium europeo* que nadie duda que ha habido, pero que por no involucrar ni afectar a este último, ha permitido que la ley se escribiera sin consideración a los acontecimientos ocurridos en África que no encajan en esa dicotomía (Zollmann, 2018, págs. 897, 898, 899 y 914).

La historia y el proceso de exclusión en las relaciones entre naciones ha conducido a una jerarquía racionalizada que ha dejado huellas en el derecho internacional desde el siglo XV, por eso algunos doctrinantes afirman que el derecho internacional es una disciplina eurocéntrica (Aginam, 2006, pág. 351). Este eurocentrismo se originó en la doctrina jurídica internacional del siglo XIX, fue adoptado por juristas que escribieron sobre derecho internacional de la época y tiene eco en los estudios actuales (Van der Linden, 2016, pág. 9).

Al margen del ahondar en un debate sobre imperialismo, dominación, hegemonías y colonialismo, lo que interesa en esta investigación es que actualmente existen tres sistemas regionales de protección en derechos humanos que manejan un modelo similar orientados por el europeo, que fue el primero en constituirse, pero cada uno ha tenido un desarrollo jurisprudencial distinto atendiendo a las particularidades de cada caso, en concordancia con la convención en materia de derechos humanos por la cual se rigen.

Del sistema africano de derechos humanos se exaltan tres casos por vulneración a los artículos precitados sobre daños al medio ambiente y recursos naturales. El primero de ellos es el del pueblo Ogoni Vs Nigeria, con decisión del 27 de mayo de 2002 y comunicación No. 155/96.

En la comunicación que da inicio al litigio del pueblo Ogoni contra Nigeria se alega:

1. Que el gobierno militar de Nigeria ha participado directamente de la producción de petróleo por medio de la empresa petrolera estatal *Nigeriam National Petroleum Company,* accionista mayoritario de un consorcio con la empresa *Shell Petroleum Development* y en consecuencia de sus operaciones, han generado contaminación del medio ambiente del pueblo Ogoni, visualizadas en problemas de salud y deterioro ambiental.

2. Se violaron las normas ambientales internacionales por cuanto el consorcio petrolero ha explotado las reservas de petróleo en Ogoni sin tener en consideración la salud de las comunidades locales ni el ambiente de la zona, desechando residuos tóxicos a éste y en vías fluviales. Como resultado de la contaminación al agua, el suelo y el aire, se ha impactado de manera grave a los pobladores en su salud produciéndoles infecciones cutáneas, enfermedades gastrointestinales y respiratorias, también se aumentó el riesgo de padecer cáncer, problemas neurológicos y reproductivos.
3. Que el Gobierno de Nigeria no solo ha consentido y facilitado estas violaciones prestado servicios legales y militares a favor de las petroleras, sino que i) no ha monitoreado las operaciones las compañías ni exigido las debidas medidas de seguridad industrial, ii) no ha requerido estudios de impacto ambiental y que sobre la salud pudiesen sobrevenir de las operaciones realizadas con materiales nocivos propios de la producción de petróleo, iii) no ha exigido la consulta previa a las comunidades cuando algunas operaciones pudieren representar una amenaza directa a la comunidad o los individuos, iv) que el ejército de Nigeria y las fuerzas de seguridad han desalojado a funcionarios y defensores del Movimiento para la supervivencia del Pueblo Ogoni atacando, quemando y destruyendo viviendas. Hechos que fueron reconocidos por el ejército de Nigeria y v) que el Gobierno de Nigeria ha destruido fuentes de alimento al explotar irresponsablemente el suelo y el agua, dañando recursos de los cuales depende la agricultura y la pesca Ogoni; además, ha asesinado ganado y arrasado tierras, ríos y cultivos lo que ha provocado pánico e inseguridad en la comunidad, así como desnutrición y hambruna (Ogoni vs. Nigeria, 2002, Párr. 1-9)

La Comisión Africana sobre derechos humanos y de los pueblos, creada para garantizar la protección de la Carta Africana de derechos humanos y de los pueblos, sostuvo que la República Federal de Nigeria violó los artículos 2, 4, 14, 16, 18 (1), 21 y 24, por incumplir sus obligaciones de respetar, proteger, promover y garantizar dichos derechos (Ogoni vs. Nigeria, 2002, Párr. 44 y 68).

El segundo caso denominado Comunidad Endorios Vs Kenia, se demandan violaciones a la comunidad Endorios por desalojos forzosos cometidos por el gobierno de Kenia al perturbar la actividad económica de pastoreo, la pérdida de tierras ancestrales y en consecuencia de ello, violaciones del derecho a practicar su religión y cultura. En general, se demanda la vulneración del derecho al desarrollo del pueblo Endorois, por los desalojos forzosos sin las consultas previas adecuadas ni una indemnización apropiada y efectiva, que desató la lesión en cadena de los derechos ya mencionados (Comunidad Endorois vs. Kenia, 2010, Párr. 1-5, 17, 19 y 73).

La Comisión Africana conceptúa que el derecho al desarrollo exige cumplir con cinco criterios: *"debe ser equitativo, no discriminatorio, participativo, con rendición de cuentas y transparente"*, por lo tanto, recomendó al Estado de Kenia reconocer los derechos de propiedad de los Endorios sobre sus tierras ancestrales y restituirlas, y garantizar el acceso de la comunidad a los recursos naturales para que puedan realizar sus actividades económicas, sociales y culturales (Comunidad Endorois vs. Kenia, 2010).

El tercer y último caso importante en temas ambientales por citar del sistema africano de derechos humanos, es el de Liga de Marfil de derechos humanos y otros Vs República de Costa de Marfil.

La ONG alega violación de derechos humanos en relación con el vertido de residuos tóxicos en la zona de Abidjan y sus alrededores, el 19 de agosto de 2006, cuando Trafigura Limited (empresa multinacional) atracó un carguero en puerto Abidjan con 582 m3 de residuos altamente tóxicos sin que la ciudad afectada ni sus suburbios contaran con instalaciones de tratamiento para este tipo de residuos. Como resultado del vertimiento se produjo la muerte de 17 personas al demostrarse contaminación en aguas subterráneas y por la inhalación de gases tóxicos. Otras miles de personas acudieron a centros médicos por náuseas, vómitos, erupciones y hemorragias nasales (LIGUE IVOIRIENNE DES DROITS DE L'HOMME (LIDHO) AND OTHERS VS REPUBLIC OF CÔTE D'IVOIRE, 2023, Párr. 1, 3, 4).

La Corte Africana estimó que los Estados tienen el deber de ejercer la debida diligencia y proteger la vida humana de daños causados por personas o entidades cuya conducta no sea atribuible al Estado. En el asunto concreto, la Corte observó que si bien las violaciones a los derechos tuvo origen en las conductas de la empresa multinacional Trafigura Limited, la responsabilidad recae en última instancia a cargo del Estado demandado porque autorizó el vertimiento de los residuos tóxicos con involucramiento de autoridades, no gestionó adecuadamente las operaciones descarga y limpieza de esos residuos y no tomó las medidas adecuadas para evitar los daños (LIGUE IVOIRIENNE DES DROITS DE L'HOMME (LIDHO) AND OTHERS VS REPUBLIC OF CÔTE D'IVOIRE, 2023, Párr. 133, 134, 137, 143, 210).

A la República de Costa de Marfil se le ordenó, como garantía de no repetición, implementar reformas legislativas y regulatorias que prohíben la importación y el transporte de residuos peligrosos en su territorio de acuerdo con las obligaciones contraídas con la ley de Barbados (LIGUE IVOIRIENNE DES DROITS DE L'HOMME (LIDHO) AND OTHERS VS REPUBLIC OF CÔTE D'IVOIRE, 2023, Párr. 245, 246, 247 y 248).

En resumen, los tres sistemas de protección de derechos humanos oficiales y reconocidos internacionalmente son el europeo, interamericano y africano; los tres protegen el medio ambiente desde ámbitos diferentes, algunos de forma autónoma y otros por conexidad con ciertos derechos humanos.

El siguiente esquema sintetiza los tres sistemas,

Tabla 1. Sistemas regionales de protección de derechos humanos

	EUROPEO	INTERAMERICANO	AFRICANO
Organizaciones regionales de los cuales forman parte los sistemas	Consejo europeo (44 miembros)	Organización de Estados Americanos OEA. (35 miembros)	Organización de la Unidad Africana reemplazada por la Unión Africana en julio de 2002 (53 miembros)
Tratados generales de derechos humanos que forman la base jurídica del sistema	Convenio para la protección de Derechos Humanos y Libertades Fundamentales (1950/53), 44 ratificaciones y 13 protocolos adicionales, el undécimo protocolo creó el tribunal único.	Carta de la OEA (1948/51), 35 ratificaciones, leídas junto con la Declaración Americana de derechos y deberes del hombre (1948) Convención Americana de Derechos Humanos (1969/78), 24 ratificaciones (21 aceptaron la competencia obligatoria del tribunal	Carta africana de derechos humanos y de los pueblos (1981/86) 53 ratificaciones. Protocolo de la Carta africana de derechos humanos y los pueblos que crea la Corte Africana de derechos humanos y de los pueblos, 5 ratificaciones, 35 firmas (se requieren 15 ratificaciones).
Protocolos adicionales especializados y relevantes y otros instrumentos que son parte o complementan el sistema.	Carta Social europea (1961/65 modificada), 25 ratificaciones. Convención para la prevención de la tortura y tratos inhumanos o degradantes tratamiento o castigo (1987/89), 44 ratificaciones.	Protocolo adicional para la Convención Americana de derechos humanos en el área de los derechos económicos, sociales y culturales (1988/99), 12 ratificaciones. Protocolo para la Convención Americana de derechos humanos para la abolición de la pena de muerte (1990/91), 8 ratificaciones.	Convención de la OUA que rige la Aspectos específicos del problema de los refugiados en África (1969/74), 45 ratificaciones

	EUROPEO	INTERAMERICANO	AFRICANO
	Convenio Marco sobre la Protección de las minorías nacionales (1995/98), 35 ratificaciones Convención sobre Derechos Humanos y Biomedicina (1997/99), 13 ratificaciones (Todos complementan el sistema con mecanismos de implementación separada).	Convención interamericana para la prevención y castigo de la tortura (1994/96) 16 ratificaciones. Convención interamericana sobre la desaparición forzada (1994/96), 10 ratificaciones. Convención interamericana para la prevención, castigo y erradicación de la violencia contra la mujer (1994/95), 31 ratificaciones. Convención interamericana para la eliminación de todas las formas de discriminación contra las personas con discapacidades, 4 ratificaciones requieren 6.	Carta Africana sobre los Derechos y Bienestar del Niño (1990/99), 25 ratificaciones.
Órganos de control sobre los tratados generales	Nuevo (o único) tribunal establecido en 1998 [El antiguo Tribunal fue establecido en 1959] [La Comisión se creó en 1954 y cesó sus actividades en 1999]	La Corte fue instalada en 1980. La Comisión fue creada en 1960 y su estatuto revisado en 1979.	Corte: No creada todavía. Comisión: creada en 1987.

Fuente: (Heyns, Strasser, & Padilla, 2003, págs. 76-78). Traducción y edición propia.

El sistema africano de protección de derechos humanos siendo el sistema regional más joven en derechos humanos, consagra la protección al medio ambiente y desarrollo sostenible de manera directa como derecho humano y exalta la importancia de su salvaguarda por el desarrollo y existencia de los pueblos.

2.5. SISTEMA ASIÁTICO

No existe un sistema asiático de protección a los derechos humanos como se expuso anteriormente, entre otras cosas porque es el continente donde confluyen mayor cantidad de razas, religiones y culturas, que dificulta alguna homogeneidad para instaurar un modelo jurídico similar a los existentes. Sin embargo, es importante traer a colación algunos casos ocurridos en países de Asia, ya que justamente es allí donde inicia el planteamiento del Ecocidio con lo sucedido en la guerra de Vietnam, que ha venido desarrollándose hasta tiempos actuales.

El origen del término Ecocidio se remonta al envenenamiento de alrededor de 2.5 millones de hectáreas con un defoliante compuesto por herbicidas hormonales conocido como el agente naranja, produciendo notables consecuencias dañinas en los bosques y campos de cultivos del sur de Vietnam. Alrededor de 5 millones de vietnamitas aún presentan secuelas (García Ruiz, 2018, págs. 21, 22).

De lo ocurrido, países de Asia como Rusia y Kirguistán fueron los primeros en incluir en sus códigos penales el delito de Ecocidio (Greene, 2019, pág. 20). Como se expondrá en el capítulo 3 de esta investigación, hay diferencias marcadas entre lo que es un delito y lo que es un crimen internacional, pero resulta ser de gran avance que algunos Estados penalicen la destrucción masiva de ecosistemas imponiendo incluso altas penas de prisión.

El 2 de agosto de 1990, Iraq bajo el mandato de Hussein ocasionó un ecocidio que ha sido ampliamente identificado y además aceptado. Las fuerzas militares de Iraq durante la invasión a Kuwait desplegaron una serie de acciones innecesarias que devinieron en un daño incalculable al medio ambiente sobre toda la región del Golfo Pérsico (Lytton, 2020, págs. 82, 83).

En la incursión, el ejército iraquí liberó petróleo de dos buques cisterna en las aguas del Golfo Pérsico, posteriormente prendieron fuego a pozos y refinerías de petróleo.

Se estimó que en total fueron 732 pozos incendiados y las llamas inundaron el desierto de petróleo donde el ecosistema local resultó gravemente dañado (Lytton, 2020, págs. 82, 83).

Por otra parte, los países de Malasia e indonesia padecen también daños en sus ecosistemas principalmente por la deforestación generada por la producción masiva de aceite de palma. El gran deterioro y perdida de bosques y selvas tropicales repercute en que se reflejen mayor cantidad de emisiones de CO2 a la atmosfera. Así mismo, las poblaciones autóctonas e indígenas han sufrido desplazamientos aun cuando dependen de los bosques para sobrevivir. El uso de pesticidas y fertilizantes ha provocado también un impacto negativo en los bienes de consumo y alimentos que afecta de manera directa la especie humana y algunas especies endémicas de las selvas tropicales y los bosques como el orangután (García Ruiz, 2018, pág. 19).

Recientemente, Zelensky el presidente de Ucrania en 2022, se refirió a la guerra como un Ecocidio para alertar sobre la gravedad de las consecuencias ambientales que afirmó, "no ser un problema ucraniano sino un desafío para el mundo entero". De hecho, para la ONU la guerra en Ucrania es "literalmente tóxica" porque se han presentado quema de bosques, fábricas de armas bombardeadas, almacenes de productos químicos incendiados, redes de infraestructura y depósito de combustibles destruidos que provocan considerables emisiones de gases efecto invernadero, lo que amenaza el equilibrio de los ecosistemas y la salud humana y se contamina el agua, el suelo y el aire (Neyret, 2022, pág. 767).

A pesar de que el continente asiático reúne a una gran variedad sistemas políticos y culturas, algunas de ellas cuna misma de la humanidad, no cuenta con un sistema general reconocido y aceptado por la mayoría de los Estados que ejerza competencia en materia de derechos humanos y en concreto, sobre temas ambientales. Por ello, graves afectaciones al medio ambiente han quedado en la impunidad y actualmente, se agrava la investigación y condena a los responsables, por el curso de dos conflictos internacionales de gran envergadura como el de Rusia con Ucrania y el de Israel con Palestina.

Como conclusiones generales de este capítulo se tienen qué, la CIJ se encarga de dirimir litigios en materia medio ambiental aplicando el derecho internacional pero sus fallos sólo le son aplicables a los Estados que aceptan su jurisdicción o se someten a ella.

La protección del medio ambiente ha tenido cobertura desde el enfoque de los derechos humanos donde los sistemas regionales (europeo, interamericano y africano) aplican sus Convenciones fundantes sobre el derecho al medio ambiente directamente y a veces, en conexidad con otros derechos humanos, alcanzando condenas contra Estados por incumplir sus obligaciones sobre la garantía, respeto y protección de los derechos humanos en sus jurisdicciones.

El sistema europeo de derechos humanos no contiene el derecho al medio ambiente sano en el CEDH, pese a ser el sistema más antiguo del mundo en esta clase, es el menos desarrollado en este derecho. Por el contrario, el sistema africano siendo el sistema regional más nuevo en derechos humanos, es el primero en incluir en la Carta Africana el medio ambiente sano y el desarrollo sostenible como derecho humano y de los pueblos.

El sistema Interamericano ha logrado un avance jurisprudencial que ha permitido que lo que en un principio consideró la protección al medio ambiente como parte de los derechos económicos, sociales y culturales, hoy sea un derecho autónomo merecedor de especial protección conforme a los principios de solidaridad intergeneracional y progresividad.

Los países de la UE reconocen y aplican los lineamientos emitidos por el Parlamento Europeo que endilga responsabilidad por daños al medio ambiente bajo el principio de "quien contamina paga". Dentro de los parámetros impuestos por la UE a los Estados miembros, está el acondicionar el derecho interno para atribuir responsabilidad penal a personas jurídicas y sanciones administrativas eficaces para reducir la impunidad sobre responsabilidad a daños ambientales.

Capítulo 3

Construcción teórica del Ecocidio como crimen internacional

El capítulo que inicia a continuación representa el eje central de esta investigación. Hasta ahora, se ha realizado un estudio cualitativo de *lege lata* de los mecanismos, instrumentos, y sistemas que abarcan en alguna medida, acciones de protección, prevención o reparación a daños contra el medio ambiente.

Se ha acudido a un análisis histórico del derecho para entender cómo se ha abordado jurídicamente la investigación y condena por daños contra el medio ambiente en determinados momentos de la humanidad, permitiéndonos observar un escueto esquema normativo, principalmente en materia penal internacional, que se traduce en un amplio margen de impunidad.

El propósito de este acápite es continuar con la metodología cualitativa con enfoque histórico, sociológico y hermenéutico que nos lleve a considerar la apremiante necesidad de construir e incluir en el ER un crimen internacional adicional a los ya existentes, por no resultar suficientes ante el fatal destino al que nos dirigimos como sociedad de no tomar acciones concretas y eficaces lo antes posible.

Nos proponemos a exponer qué, de acuerdo con los elementos de contexto que se han identificado en los actuales crímenes internacionales (genocidio, lesa humanidad, crímenes de guerra y agresión), es posible, en términos teóricos, llegar a la construcción del Ecocidio identificando elementos de contexto propios para este eventual crimen.

Esto significa que se realizará un análisis cualitativo y deductivo, que parte de las características generales de los crímenes internacionales para estructurar un nuevo crimen internacional a partir de dichos lineamientos internacionales, de manera que confluyan también otras fuentes del derecho que integren un "todo" y determinen los elementos del posible nuevo crimen contra el medio ambiente denominado Ecocidio.

El resultado final de este documento es contribuir a la comunidad académica sobre *lege ferenda* en el derecho penal internacional, que permita condenar a los graves perpetradores de daños contra el medio ambiente.

3.1. CUESTIONES PRELIMINARES

Para abordar el Ecocidio como crimen internacional y sugerir algunas modificaciones en el ER para su implementación y efectividad, previamente se presentará al lector unas premisas iniciales para mejor entendimiento del ejercicio académico a desarrollar.

En primer lugar, la evolución del derecho penal internacional, aunque comparte principios generales del derecho y del derecho penal, diferencia el concepto de crimen y delito, pues el primero no se adecúa a las categorías dogmáticas de tipicidad, antijuridicidad y culpabilidad (algunos países incluyen la punibilidad). Lo que significa que hablar de crimen internacional es relativamente distinto a hablar de delito.

Un delito equivale en sustancia a una obligación jurídica, punible en caso de su incumplimiento, respecto de una determinada conducta, ya sea que dicha obligación esté descrita en forma negativa (es decir, una prohibición de esa conducta) o, en el caso de delitos de omisión, positiva (es decir, un deber de realizar tal conducta). En la práctica, por su parte, los crímenes rara vez se expresan como prohibiciones o deberes (O'Keefe, 2017, pág. 49).

Sin embargo, lo esencial es que un delito es calificado así, si dentro de un aparato normativo la conducta en concreto, por acción o por omisión, es identificada como delictiva según la ley penal que lo regula (Machicado, 2010, pág. 3 y 7).

Por el contrario, los crímenes internacionales son el resultado de la presencia acumulativa de los siguientes elementos. Primero, consisten en violaciones de normas del derecho internacional consuetudinario, así como de disposiciones de tratados. Segundo, dichas normas tienen por objeto proteger los valores de toda la comunidad internacional, en consecuencia, vinculan a todos los Estados e individuos. Los valores en cuestión están plasmados en una serie de instrumentos escritos de manera sencilla y corta. En tercer lugar, que exista un interés universal en reprimir los crímenes. Bajo ciertas condiciones, según el derecho internacional, los presuntos autores pueden en principio ser procesados por cualquier Estado, independientemente del vínculo territorial o nacional que se advierte con el autor o con la víctima en el momento de la comisión del crimen (Cassese, Gaeta, Baig, Fan, & Gosnell, 2013, pág. 20).

Algunos autores como O'Keefe defienden la idea que la acepción de "crimen internacional" se reserva para ofensas que dan lugar a la responsabilidad penal de personas explícitamente, señalando ésta como una distinción importante del derecho penal internacional con el derecho internacional de los derechos humanos y del cuerpo principal del derecho internacional humanitario (O'Keefe, 2017, pág. 49). Los delitos discrepan de los crímenes entre tanto la comisión del primero da lugar a una obligación secundaria por parte del autor de reparar a cualquier parte perjudicada, frecuentemente en forma de pago a manera de indemnización (O'Keefe, 2017, pág. 49).

En otras palabras, las sanciones en el derecho penal internacional tienen efectos personalísimos, lo que señala que versan sobre penas (en general) privativas de la libertad. El delito, de otro lado, puede dar lugar a penas de carácter pecuniario conocidas como indemnizaciones que de alguna forma remedien el daño causado.

En criterio personal, hoy en día existen otras modalidades de responsabilidad en materia penal que se visualizan, de hecho, en la atribución de responsabilidad a personas jurídicas y aunque algunos tratadistas y sistemas jurídicos se resistan a admitirlo, también los Estados han sido condenados por injerencia directa o indirecta en crímenes internacionales (más que nada por violaciones a los DDHH y el DIH en sistemas regionales). Ciertamente, ello se debe a la evolución del derecho penal, que siempre estará sujeto a las demandas de la sociedad y las coyunturas sociales. Eventualmente el DPI debe actualizarse para perseguir y sancionar las nuevas formas de responsabilidad penal.

Según la teoría de la "naturaleza mala de la ofensa", la definición de crimen internacional se basa en el concepto latino de *malum in se* (incorrecto o malo en sí mismo), que aduce que un crimen se considera inherentemente incorrecto debido a su naturaleza maligna, independiente de las normas que rigen la conducta. Los factores que se tienen en cuenta son: sus malas intenciones, su gravedad y escala, su dimensión internacional o trans-jurisdiccional y/o su percepción (Sthan, 2019, pág. 19).

Tampoco puede asimilarse la definición de un crimen internacional con un delito transnacional, ya que este último se entiende como la conducta (generalmente privada) que trasciende las fronteras estatales. Por tanto, tiene efectos transfronterizos reales o potenciales de interés nacional e internacional (O'Keefe, 2017, págs. 66- 67). Es decir, un delito transnacional debe ser considerado en primera medida, un delito en el espacio geográfico donde se materializa y en todos los demás ordenamientos jurídicos a los cuales trasciende, lesionado más de uno.

Aunque un crimen internacional y un delito transnacional trascienden y lesionan varios ordenamientos jurídicos, el crimen internacional lo es porque su conducta atenta contra la consciencia de toda la sociedad, el delito transnacional alcanza esta categoría porque legislativamente la conducta ha sido penalizada en el derecho interno de uno o varios Estados no por su naturaleza dañina *per se*.

Lo que sí puede identificarse en el crimen internacional es la estructura básica que también suele estar en los delitos de orden nacional y comprende: i) conducta, ii) consecuencias y iii) circunstancias (Cassese, y otros, 2013, pág. 38).

La conducta es descrita por las normas internacionales que califican de crimen un determinado comportamiento, por ejemplo, la prohibición de tortura. Las consecuencias son los efectos causados por la conducta. Entre la conducta y las consecuencias existe un nexo de causalidad que puede considerar que los crímenes pertenecen a dos categorías diferentes: crímenes de conducta y crímenes de resultado. La primera categoría comprende los crímenes consistentes en la violación de una norma internacional que impone un comportamiento específico, es relevante entonces determinar si la violación de la norma causa o no algún daño o perjuicio a las posibles víctimas. Los crímenes de resultado en cambio abarcan más bien violaciones de reglas que se limitan a imponer el logro de un determinado fin, independientemente de las modalidades para la realización de ese fin. La mayoría de las normas penales internacionales se refieren a los crímenes de resultado, puesto que se centran en el daño causado por el comportamiento y proscriben conductas que puedan provocar dicho daño. La razón de lo anterior es que el objetivo principal del derecho penal internacional es prevenir y castigar conductas que lesionen a personas protegidas, en ese sentido, las "consecuencias" son particularmente importantes con respecto a esta categoría de crímenes internacionales (Cassese, y otros, 2013, págs. 38, 39).

Por último, las circunstancias son "los hechos, cualidades o motivos objetivos o subjetivos respecto al sujeto del crimen (como autor y sus cómplices), el objeto del crimen (como la víctima y otros intereses perjudicados) o cualquier otra modalidad del crimen (como el medio, la hora y el lugar de comisión)". Entonces, la circunstancia, por ejemplo, en normas que imponen a los comandantes militares y en general, a las autoridades superiores, la prevención y represión de los crímenes cometidos por sus subordinados, la circunstancia es que la persona sea un comandante militar o un superior civil (Cassese, y otros, 2013, pág. 39).

Aunque como se ha citado, algunos importantes doctrinantes del derecho penal internacional estiman que el objetivo principal de este es prevenir y castigar conductas que lesionen a personas protegidas, también lo es, en mi opinión y el de algunos otros, el generar un riesgo aun cuando no se muestre un resultado concreto dejando los posibles resultados en alta probabilidad de concreción o incluso, tan solo con llevar a cabo la conducta materia de reproche (independiente de la escala probable que produzca un perjuicio), es ya incurrir en conductas que pueden configurarse como crimen internacional tal y como se tratará en los ítems que continúan.

Precisamente, si las personas protegidas son el centro del DPI, los ecosistemas al ser declarados sujetos de derechos en ciertas jurisdicciones y replicando estas premisas con efectos *erga omnes*, permite entender que también pueden considerarse personas protegidas y, por tanto, las conductas de resultado o de mera conducta que generen un alto riesgo para su existencia deberían prevenirse o en caso de que ocurran, mitigarse y sancionarse por el DPI.

Para cerrar este apartado de cuestiones preliminares se debe decir que la prueba de la responsabilidad, según el derecho internacional, puede realizarse en tres pasos principales.

1. Paso uno: *Elementos materiales*. Como primer paso, debe examinarse si el sospechoso cumplía los elementos materiales de un crimen. Estos incluyen la conducta, las consecuencias y cualquier otra circunstancia contenida en la definición de crimen, de acuerdo con el derecho internacional. Si el sospe-

choso actúa con otros, es necesario buscar elementos adicionales que evidencien el modo de participación o la responsabilidad superior.

2. Paso dos. *Elemento mental.* El elemento mental requiere que el autor cometa los elementos materiales del acto "con intención y conocimiento". Para algunos crímenes, de conformidad con el derecho internacional, estos requisitos son menos o más estrictos, o se requiere incluir elementos subjetivos adicionales. También, en este caso la prueba debe modificarse si el sospechoso no cometió él solo el crimen, en ese caso, es necesario examinar si el sospechoso cumplía los elementos subjetivos del modo de participación.

3. Paso tres. *Motivos de exclusión de responsabilidad.* En este tercer paso debemos preguntarnos si existen circunstancias que excluyan la responsabilidad individual del perpetrador. Técnicamente, el ER distingue tres grupos de motivos para excluir la responsabilidad por motivos de enfermedad mental, intoxicación, legítima defensa o necesidad y coacción. Se establecen disposiciones separadas para la exclusión de responsabilidad por error o por actuar bajo órdenes de superiores. Pueden surgir razones adicionales para excluir la responsabilidad de fuentes jurídicas internacionales fuera del ER. Si se dan las condiciones para la exclusión de responsabilidad, la persona "no es responsable penalmente". La distinción entre justificación (del acto) y excusa (para el perpetrador) ha sido hasta ahora ajena al derecho penal internacional. Sin embargo, se ha tratado de aportar mucho desde el derecho civil para anclar la distinción entre ilicitud y culpabilidad en el derecho penal internacional (Werle & Jessberger, 2014, págs. 170, 171 y 172).

3.2. ECOCIDIO

Como se había pautado desde el capítulo 1, la definición de Ecocidio que se empleará en esta investigación tiene por pilar principal la creada en 2021, por el panel de expertos independientes reunidos por la Fundación Stop de Ecocide que resulta ser por demás la más actualizada, solo reestructurada hasta ahora por la que se sugiere en esta investigación. La del panel de expertos es la siguiente:

> **Artículo 8 ter.– Ecocidio**
> 1. A los efectos del presente Estatuto, "ecocidio" significa los actos ilícitos o injustificados cometidos con conocimiento de que existe una probabilidad sustancial de que se produzcan daños graves y generalizados, o de largo plazo al medio ambiente.
> Siendo causado por esos actos.
> 2. A efectos del apartado 1:
> a. "Desenfrenado" significa con temerario desprecio por un daño que sería claramente excesivo en relación con los beneficios sociales y económicos previstos;
> b. "Severo" significa daño que implica cambios adversos, perturbaciones o daños muy graves a cualquier elemento del medio ambiente, incluidos los impactos graves sobre la vida humana o natural, recursos culturales o económicos;
> c. "Generalizado" significa daño que se extiende más allá de un área geográfica limitada, cruce de fronteras estatales, o lo sufre todo un ecosistema o especie o un gran número de seres humanos;
> d. "A largo plazo" significa daño que es irreversible o que no puede repararse mediante recuperación natural dentro de un período de tiempo razonable;
> e. "Medio ambiente" significa la Tierra, su biosfera, criosfera, litosfera, hidrosfera y atmósfera, así como el espacio exterior. (Independent Expert Panel for the Legal Definition of Ecocide, 2021, pág. 5).

Este prototipo de crimen internacional se adecúa a la forma en que el DPI define los crímenes en el ER, precisa elementos mentales y materiales.

De la estructura objetiva que hemos estudiado, el panel de expertos con esta definición da un panorama general del Ecocidio como crimen internacional, que eventualmente quedaría como Artículo 8 Ter del ER. Sin embargo, resulta necesario introducir otros elementos en la construcción del crimen de Ecocidio que esta definición no abarca pero que otros instrumentos en distintas jurisdicciones *sí* contemplan y serán parte de la propuesta final del crimen internacional de Ecocidio que se dará en los ítems 3.6 y 3.6.2, con base en los argumentos que sobre los elementos materiales y mentales se desarrollen a continuación.

3.3. *ACTUS REUS*

Del primer paso en la creación de un crimen internacional, que es establecer los elementos materiales de este, incluyendo los actos subyacentes, vamos a acudir al borrador de la Convención Internacional contra el Ecocidio que ha sido debatido en encuentros internacionales y recoge en el texto lo siguiente:

> A los efectos de la presente Convención, se entenderá como ecocidio cualquiera de las siguientes conductas intencionadas que se cometan como parte de una acción generalizada o sistemática y que afecten a la seguridad del planeta:
> 6.3. El vertido, la emisión o la introducción en el aire, el suelo o las aguas de una cantidad de materiales o radiaciones ionizantes;
> 6.4. La recogida, el transporte, la valoración o la eliminación de residuos, incluida la vigilancia de estos procedimientos, así como la posterior reparación de instalaciones de eliminación, e incluidas las operaciones efectuadas por los comerciantes o intermediarios en toda actividad relacionada con la gestión de los residuos;
> 6.5. La explotación de instalaciones en las que se realice una actividad peligrosa, o en las que se almacenen o utilicen sustancias o preparados peligrosos;
> 6.6. La producción, la transformación, el tratamiento, la utilización, la posesión, el almacenamiento, el transporte, la importación, la exportación y la eliminación de materiales nucleares u otras sustancias radiactivas peligrosas;

> 6.7. La matanza, destrucción, la posesión o la apropiación de especies protegidas o no de fauna o flora silvestres;
> 6.8. Cualquier otro comportamiento de naturaleza análoga cometido intencionalmente y que suponga un atentado a la seguridad planetaria.
> 2. Los comportamientos previstos en el apartado anterior:
> a. Un daño sustancial, permanente y grave, a la calidad del aire, el suelo o las aguas, o a animales o plantas, o a sus funciones ecológicas,
> b. La muerte, enfermedades permanentes o males incurables y graves a una población o cuando impidan de manera permanente a una población el disfrute de sus tierras, territorios o recursos.
> 3. Los comportamientos contemplados en el apartado 1 deben ser cometidos intencionalmente y conociendo en carácter generalizado o sistemático de la acción en la que se inscriben.
> Estos comportamientos se consideran también intencionales cuando su autor supiera o debiera haber sabido que existía una alta probabilidad de que su acción constituía un ataque a la seguridad planetaria. (Sanz Mulas, 2022, págs. 22, 23) (Propuesta de Convención Internacional contra el Ecocidio, 2019) (Serra Palao, 2019, pág. 39).

Cabe anotar una vez más, que los elementos contextuales, los actos subyacentes y los modos de participación tienen dos elementos esenciales: i) elementos materiales (*actus reus*), de cada crimen y modo de participación que comprenden la conducta, las consecuencias y circunstancias. Son de naturaleza objetiva, y ii) el elemento subjetivo (*mens rea*), que requiere pruebas subjetivas del conocimiento y la intención sobre los elementos materiales (Case Matrix Network, 2017, pág. 10).

De este proyecto de Convención hay que destacar que contiene varios actos subyacentes y elementos de un posible crimen internacional que podrían dar lugar a una definición un poco más completa del Ecocidio al momento de redactarse en el ER, en aras de evitar interpretaciones amplias sobre la comisión del crimen o que se plasme como una norma penal en blanco.

Su transcripción se asemeja a la forma en la que se encuentran escritos en el ER los artículos 7, de Crímenes de Lesa Humanidad y el Artículo 8, Crímenes de Guerra, pero en mi opinión, pueden incluirse más elementos materiales como se abordará.

Una enorme dificultad en la aplicación del derecho penal para la protección del medio ambiente es la vaguedad y amplitud de las propuestas por otorgar una definición jurídica al Ecocidio, principalmente por los principios de taxatividad y legalidad. El primero busca mayor exactitud en las conductas descritas como crímenes y el segundo, por atender la máxima de *nullum crimen sine lege* (Arenal Lora, 2021, pág. 18).

Otro aspecto importante del debate en curso sobre una Convención Internacional del Ecocidio es que es un claro indicador que la preocupación mundial por el cuidado al medio ambiente busca tener un espacio en el derecho internacional e invocar por la cooperación de los Estados con efectos vinculantes.

Los Crímenes de Genocidio, de Guerra y Lesa Humanidad cuentan con convenciones, tratados y Protocolos que sirvieron como antesala para la redacción final en el ER, lo que evidencia que la construcción teórica que da origen al crimen de Ecocidio comparte similar proceso al que fueron sometidos los precitados crímenes internacionales.

Sin embargo, si se aprobara una Convención Internacional contra el Ecocidio y posteriormente, se incluyera en el ER sin tener los mismos elementos y estructura, afectaría de sobre manera la seguridad jurídica, el principio de legalidad y sería considerada una norma en blanco. En virtud de esto, el derecho penal internacional podría tener mayor eficacia si dedicara todos sus esfuerzos para condensar en una sola norma, con naturaleza obligatoria (no declarativa), el Ecocidio como crimen internacional, se propugnará por la ampliación de la competencia de la CPI y se contemplarán nuevas formas de responsabilidad penal. Esto solo es posible si se modifica el ER y se preceptúa como tal.

No obstante, no se desconoce la importancia que para el derecho internacional genera una Convención internacional. Recordemos que el DPI es una rama del Derecho Internacional Público (DIP), por lo que sus fuentes de derecho son las mismas que las del derecho internacional. Las fuentes primarias entonces a las que se puede recurrir según el orden jerárquico que dicta el derecho internacional son los Tratados y la costumbre de derecho internacional (derecho internacional consuetudinario). (Cassese, Gaeta, Baig, Fan, & Gosnell, 2013, pág. 9).

Las fuentes secundarias, como los procesos legislativos previstos por normas de derecho internacional consuetudinario o disposiciones de tratados, así como resoluciones vinculantes del Consejo de Seguridad de la ONU. Por último, otra fuente de derecho son los principios generales y subsidiariamente, los principios generales del derecho, comunes a los ordenamientos jurídicos nacionales (Cassese, Gaeta, Baig, Fan, & Gosnell, 2013, pág. 9).

El ER, en el artículo 21 considera como derecho aplicable:

> 1. La Corte aplicará:
> a) En primer lugar, el presente Estatuto, los Elementos de los crímenes y sus Reglas de Procedimiento y Prueba;
> b) En segundo lugar, cuando proceda, los tratados aplicables, los principios y normas del derecho internacional, incluidos los principios establecidos del derecho internacional de los conflictos armados;
> c) En su defecto, los principios generales del derecho que derive la Corte del derecho interno de los sistemas jurídicos del mundo, incluido, cuando proceda, el derecho interno de los Estados que normalmente ejercerían jurisdicción sobre el crimen, siempre que esos principios no sean incompatibles con el presente Estatuto ni con el derecho internacional ni las normas y estándares internacionalmente reconocidos.

> 2. La Corte podrá aplicar principios y normas de derecho respecto de los cuales hubiere hecho una interpretación en decisiones anteriores.
> 3. La aplicación e interpretación del derecho de conformidad con el presente artículo deberá ser compatible con los derechos humanos internacionalmente reconocidos, sin distinción alguna basada en motivos como el género, definido en el párrafo 3 del artículo 7, la edad, la raza, el color, el idioma, la religión o el credo, la opinión política o de otra índole, el origen nacional, étnico o social, la posición económica, el nacimiento u otra condición (Estatuto de Roma, 1998).

Cuando el conjunto de normas falta o contiene lagunas se debe recurrir al derecho internacional consuetudinario. Incluso, si además resulta inútil el marco normativo, se deben aplicar los principios generales del derecho internacional, en particular los de DPI, DDHH y DIH (Cassese, Gaeta, Baig, Fan, & Gosnell, 2013, pág. 9).

De modo que los elementos materiales de los crímenes pese a ser agrupados en la medida de lo posible en el ER, también pueden figurar en otros instrumentos como Convenciones, Tratados y normas de derecho internacional, principios generales del derecho; entre otros.

En el conjunto de normas del derecho internacional general, encontramos las normas imperativas (*ius cogens*) que reflejan y protegen valores fundamentales de la comunidad internacional. Estas normas son universalmente aplicables y son jerárquicamente superiores a otras normas de derecho internacional, son aceptadas y reconocidas por la comunidad internacional. Como norma imperativa no admite acuerdo en contrario y sólo puede ser modificada por una norma posterior de derecho internacional general que tenga el mismo carácter (Comisión de Derecho Internacional, 2022, Conclusiones 2 y 3).

La base más común de las normas imperativas de derecho internacional general (*ius cogens*), es el derecho internacional consuetudinario, las disposiciones de los Tratados y los principios generales. Estas normas imperativas generan obligaciones para con la comunidad internacional (*erga omnes*) en relación con las cuales todos los Estados tienen un interés jurídico. Asimismo, todo Estado está facultado para invocar la responsabilidad de otro por la violación de una norma de esta naturaleza conforme las normas sobre responsabilidad de los Estados por hechos internacionalmente ilícitos (Comisión de Derecho Internacional, 2022, Conclusiones 5 y 17).

La Convención de Viena sobre el derecho de los Tratados establece que cualquier parte en un tratado multilateral puede quejarse de una violación sustancial, ya que constituye un daño legal a todas las partes (Gray, 2017, págs. 245, 246).

Se ha planteado la posición que la protección al medio ambiente se ha convertido en una norma imperativa de derecho internacional (*ius cogens*), tan es así que la CorteIDH ha emitido recientemente en el caso Oroya Vs Perú uno de los primeros pronunciamientos jurisprudenciales al respecto (CASO HABITANTES DE LA OROYA VS. PERÚ, 2023, pág. 164, VOTO CONCURRENTE, Párr. 71).

Como quiera que una norma *ius cogens* cristaliza valores generales o universales de la comunidad de Estados y no de un Estado en particular, no se puede alegar una sustracción individual de un Estado para no cumplirla, aun cuando se acuda a desconocer su naturaleza porque son normas que se encuentran firmemente arraigadas en la convicción jurídica de la comunidad, por lo que su protección trasciende fronteras nacionales (CASO HABITANTES DE LA OROYA VS. PERÚ, 2023, págs. 164, 165).

Así pues, la dimensión colectiva del derecho a vivir en un medio ambiente sano, limpio y sostenible, del cual de su protección depende la supervivencia humana y por extensión, de la comunidad internacional en su conjunto, no se proyecta solo entre personas. Muchos daños al medio ambiente tienen efectos transfronterizos. Las consecuencias de contaminación en un país, pueden convertirse en un problema de derechos humanos y ambientales en otro

(CASO HABITANTES DE LA OROYA VS. PERÚ, 2023, pág. 165).

Prueba de ello es que los ecosistemas no reconocen jurisdicciones ni coinciden en algunas ocasiones con las fronteras estatales, por lo que, de producirse un daño en él, valida la hipótesis que se perturba a la comunidad internacional en pleno.

Los juristas, considerando el crimen desde una perspectiva jurídico-procesal, lo definen como una conducta prohibida por la ley, por la que el gobierno puede imponer un castigo. Los sociólogos, de otro lado, enfatizan en la naturaleza antisocial del acto y la relación de ese comportamiento perjudicial para la sociedad en su conjunto. Ambos, juristas y sociólogos, identifican un elemento de indignación moral por parte de la comunidad contra los criminales porque han hecho algo "mal": han violado las reglas y normas de la sociedad (Gray, 2017, pág. 259).

Como tal, no existe una lista autorizada de normas *ius cogens,* pero los derechos humanos son considerados en esa categoría. Los tratados ambientales pueden transformarse en obligación del derecho internacional consuetudinario basada sobre el derecho ambiental internacional y el derecho de los derechos humanos para proteger a los Estados y los bienes comunes globales del daño ambiental (Gray, 2017, pág. 246).

Para la CorteIDH queda claro que la obligación de protección del medio ambiente reúne las características de norma *ius cogens* que advierte la Comisión de Derecho Internacional y, además, constituye una costumbre internacional porque es *"prueba de una práctica generalmente aceptada como derecho"* (CASO HABITANTES DE LA OROYA VS. PERÚ, 2023, pág. 166). Por tanto, todos los Estados tienen legitimación activa para quejarse de Ecocidio (Gray, 2017, pág. 246).

Es decir, sería un aporte considerable en el reconocimiento de un crimen de Ecocidio la elaboración de una

Convención Internacional contra el Ecocidio y trazaría un proceso "legislativo" y "judicial" similar a los crímenes internacionales de Guerra, Lesa Humanidad y Genocidio. Sin embargo, en el evento en que se expida la Convención Internacional contra el Ecocidio antes de su redacción o inclusión en el ER sin que compartan los mismos elementos, ello daría lugar a la misma disparidad de normas y remisión a otras normas como se ve actualmente.

Además de lo anterior, cabe afirmar que ni siquiera es necesaria la creación de una Convención Internacional como antecedente y fuente de derecho internacional para que el Ecocidio pueda ser adicionado como crimen internacional en el ER, ya que su reconocimiento e importancia ha surgido del derecho consuetudinario, de la costumbre internacional, que ha acogido la protección al medio ambiente como una norma imperativa, de cuya garantía depende la existencia humana, los ecosistemas, el desarrollo de los pueblos, la vida animal y vegetal.

La evolución de la protección al medio ambiente ha iniciado como práctica generalizada, identificada como costumbre internacional, reconocida como norma imperativa *ius cogens* y paulatinamente ha alcanzado visibilidad en Resoluciones y Declaraciones internacionales.

Recientemente en Tribunales Internacionales se ha emitido jurisprudencia sobre el particular y en el derecho doméstico se ha abordado como delito o derecho constitucional, lo que sí refleja entonces una práctica generalizada en la comunidad internacional para proteger el medio ambiente, llegando a plantearse en épocas actuales su positivización bajo una Convención Internacional o como aquí se respalda, en la creación de un crimen internacional que permitiera la investigación a los graves perpetradores de daños contra el medio ambiente en todo tiempo y lugar.

3.4. *MENS REA*

En cualquier ordenamiento jurídico sin excepción del DPI, la responsabilidad penal surge cuando una persona realiza la conducta prohibida con determinado estado de ánimo, esto implica un elemento psicológico exigido por el ordenamiento jurídico para que la conducta sea reprochable y en consecuencia punible (es llamado también estado de ánimo culpable o *mens rea*) (Cassese, y otros, 2013, pág. 39).

El ER contempla la intencionalidad en el Artículo 30, así:

> **Artículo 30.- Elemento de intencionalidad**
> 1. Salvo disposición en contrario, una persona será penalmente responsable y podrá ser penada por un crimen de la competencia de la Corte únicamente si actúa con intención y conocimiento de los elementos materiales del crimen.
> 2. A los efectos del presente artículo, se entiende que actúa intencionalmente quien:
> a. En relación con una conducta, se propone incurrir en ella;
> b. En relación con una consecuencia, se propone causarla o es consciente de que se producirá en el curso normal de los acontecimientos.
> 3. A los efectos del presente artículo, por "conocimiento" se entiende la conciencia de que existe una circunstancia o se va a producir una consecuencia en el curso normal de los acontecimientos. Las palabras "a sabiendas" y "con conocimiento" se entenderán en el mismo sentido. (Estatuto de Roma, 1998).

La norma en cita, parte de la premisa que el elemento subjetivo del crimen puede encontrarse en los elementos que reúne el ER para cada crimen, o en otras disposiciones de derecho internacional; dando a entender que cualquier fuente del DPI es válida para identificar el *mens rea* sobre la conducta que se encasilla como criminal. De ahí la indicación de "salvo disposición en contrario".

A través de esta cláusula, la jurisprudencia de los Tribunales de Yugoslavia y Ruanda también podrían determinar los requisitos subjetivos de los crímenes donde, según esta, la intención indirecta puede ser suficiente para cumplir esos requisitos de los elementos mentales de varios crímenes (Werle & Jessberger, 2014, págs. 191, 192). En las definiciones del derecho consuetudinario de los crímenes del derecho internacional, los elementos subjetivos se aclaran por separado para cada crimen (Werle & Jessberger, 2014, pág. 175).

Esa amplitud normativa tiene como inconveniente que no existe ninguna norma consuetudinaria que establezca una definición general de las diversas categorías de *mens rea* (como dolo, imprudencia o negligencia). Tampoco, el ER como derecho convencional es seguro que abarque todos los posibles elementos subjetivos de los crímenes internacionales (Cassese, y otros, 2013, pág. 39).

Otros autores en cambio consideran que, al exigir la intención y el conocimiento de la conducta, el artículo 30 del Estatuto establece un estándar general para el elemento mental que es más estricto que el generalmente requerido en el derecho internacional consuetudinario y los ordenamientos jurídicos internos. Toda vez que "no están establecidas de otra forma", el art 30 no deja lugar al dolo eventual o a la imprudencia, excluyendo ambas formas de responsabilidad subjetiva (Werle & Jessberger, 2014, pág. 191).

Sin embargo, los sistemas legales suelen requerir uno de los siguientes estados de ánimo para que la conducta sea considerada penalmente punible (Cassese, y otros, 2013, pág. 41).

Primero, la conciencia de que una determinada conducta produzca determinado resultado en el curso ordinario de los acontecimientos y la voluntad de alcanzarlo, a esa clase de *mens rea* se le llama intención (dolo directo) (Cassese, y otros, 2013, pág. 41).

El segundo, la conciencia de que emprender una conducta conlleva un riesgo irrazonable o injustificable y pese a ello, se decida seguir asumiendo ese riesgo; a esto normalmente se le denomina imprudencia (dolo eventual) (Cassese, y otros, 2013, pág. 41).

El tercero, la falta de atención suficiente o de cumplimiento de determinadas normas de conducta generalmente aceptadas, causando así un daño a otra persona cuando el actor cree que las consecuencias nocivas de su acción no se producirán gracias a las medidas que ha adoptado o está por adoptar; esta categoría se le conoce como negligencia consciente o culpable porque con la conducta el agente incumple grave o descaradamente los estándares de la prueba del hombre razonable (Cassese, y otros, 2013, pág. 42).

En cuarto lugar, el incumplimiento de las normas de conducta generalmente aceptadas sin ser conscientes o prever el riesgo de que dicho incumplimiento pueda tener efectos nocivos. A esta clase se le denomina comúnmente negligencia involuntaria (Cassese, y otros, 2013, pág. 42).

Estas cuatro clases de *mens rea* son sólo tendencias generales del derecho penal que se muestran en los ordenamientos internos. Por supuesto, a menudo los Tribunales estatales no establecen diferencias tan específicas en la escala de la culpabilidad penal (Cassese, y otros, 2013, pág. 42).

Como regla general, una condición especial para la responsabilidad penal según el derecho internacional consuetudinario es el elemento mental o *mens rea*, que equivale a la intención de cometer los elementos materiales del crimen. La responsabilidad penal por responsabilidad objetiva es desconocida en el DPI y la responsabilidad penal por negligencia no es una característica general del derecho penal internacional consuetudinario (O'Keefe, 2017, págs. 168, 169).

El ER, aunque es estricto en el estándar del estado de ánimo del perpetrador, reduciéndolo al conocimiento y la intención, faculta a la CPI para que acuda, en caso de ser requerido, al derecho consuetudinario; que ha endilgado responsabilidad penal bajo el postulado que la mejor evidencia de la intención de un sujeto en la comisión de un crimen está los actos concretos que realiza. Ya que no se puede evaluar dentro de la mente del agente sus intenciones, la intención se presume del acto manifiesto (Cassese, y otros, 2013, págs. 56, 57 y 58).

Las propuestas en la definición de un posible crimen de Ecocidio, aunque difieren cada una en el elemento objetivo, no significa que sean contrapuestas, sino que se avanza en una construcción más rigurosa y completa. Así, desde la definición dada por Higgins en 2011, citada en el acápite 1.2, contempla la posibilidad que se produzca un Ecocidio por cualquier tipo de conducta, incluso si esta fuere legal o ilícita (Arenal Lora, 2021, pág. 13).

El panel de expertos, de otro lado, introduce la particularidad de que el Ecocidio puede ser el resultado de actos temerarios, que serían manifiestamente excesivos en relación con una ventaja social o económica prevista. Neyret en cambio, vincula la existencia de un delito como fundamento del crimen de Ecocidio (Arenal Lora, 2021, pág. 14). La definición de todos estos autores se encuentra en los ítems 1.2 y 3.2 de este documento.

Por lo tanto, de las tres posturas doctrinales, Higgins se muestra más flexible y atribuye el elemento subjetivo a la vulneración del deber de cuidado, Neyret lo centra en la intencionalidad y el conocimiento, y el Panel de expertos en el dolo eventual (Arenal Lora, 2021, pág. 14).

Para el DPI, por **dolo o intención (dolo directo)** se entiende la conciencia de que al realizar una determinada acción o al omitirla, se logrará un determinado resultado, aunado a la voluntad de provocar tal resultado. Por regla general, la intención solo tiene que estar vinculada a un resultado. Las normas internacionales exigen la intención para la mayoría de los crímenes internacionales (Cassese, y otros, 2013, pág. 43).

La premeditación, que normalmente no es necesaria para la responsabilidad penal internacional, ocurre cuando la intención de participar en una conducta ilícita se forma antes de que la conducta realmente se lleve a cabo. Requiere necesariamente dos elementos: uno de carácter temporal, que indica que debe transcurrir algún tiempo entre la formación de la intención delictiva y su ejecución. Otro de naturaleza psicológica, que significa que la intención delictiva debe persistir desde el momento de su formación hasta la comisión del delito (Cassese, y otros, 2013, pág. 44).

En algunos casos la premeditación puede coincidir con la planificación, pero esta última tiene un alcance autónomo y un significado jurídico, la premeditación no. Sin embargo, en el DPI la premeditación puede ser importante para la sentencia, ya que puede constituir una circunstancia de agravación (Cassese, y otros, 2013, pág. 44).

Pero el elemento mental que se ha ido estructurando a partir de la jurisprudencia de los Tribunales internacionales, desde Núremberg hasta los de la propia CPI, ha establecido varios estados mentales del perpetrador. El primero, como ya se mencionó, es el de aquel que realiza la conducta con conocimiento e intención, que se enmarca como dolo directo.

El segundo, **la intención especial (dolus specialis)**, aparece en los casos en que las normas internacionales exigen una intención especial para determinadas clases de crímenes. Dichas reglas, además de prever la intención de lograr determinado resultado mediante la realización de una conducta, también puede requerir que el agente persiga un objetivo específico que va más allá del resultado de su conducta. El Genocidio es ejemplo de ello, pues el DPI exige que el perpetrador debe poseer "la intención de destruir total o parcialmente a un grupo nacional, étnico, racial o religioso" (Cassese, y otros, 2013, págs. 44, 45).

La intención indirecta, "recklessness" o imprudencia, es el *mens rea* en el que una persona prevé que su acción probablemente producirá consecuencias prohibidas y, sin embargo, asume voluntariamente el riesgo de esa acción (Cassese, y otros, 2013, págs. 45, 46).

El conocimiento, es otro de los estados mentales qué, conforme la redacción final del artículo 30 del ER, incorpora dos versiones del conocimiento que se emplea en los países del *common law*. En general el conocimiento en sus dos versiones del *common law* implica la conciencia de que una circunstancia existe o una consecuencia ocurrirá en el curso normal de los acontecimientos (Cassese, y otros, 2013, pág. 50).

En países del *civil law* este tipo de conocimiento no es una categoría autónoma de *mens rea* y es absorbida bajo la noción de intención o de imprudencia. En algunos países de *common law*, el conocimiento implica dos formas diferentes de actitud mental (que tal y como se advirtió, figuran actualmente en el ER), i) si la norma penal sustantiva prescribe la existencia de ese hecho o circunstancia, ii) si la norma penal sustantiva, en cambio, se centra en el resultado de la conducta. Entonces el conocimiento es la conciencia de que la acción que se realiza tiene más probabilidades de provocar ese resultado dañino y, aun así, se asuma el alto riesgo de causar ese resultado (Cassese, y otros, 2013, págs. 49, 50).

En otros términos, el conocimiento puede dilucidarse de dos maneras de acuerdo con el ER: la primera de ellas, cuando el perpetrador sabe que está incurriendo en una conducta prohibida por el DPI, y la segunda, cuando el perpetrador tiene conciencia de que su conducta tiene altas probabilidades de causar un resultado dañino y decide asumir el riesgo de que ocurra. Una es sobre la prohibición misma de la conducta y las circunstancias, y otra sobre el resultado en grado de alta probabilidad de ocurrencia.

Podríamos comparar ese conocimiento del agente cuando conoce que la conducta está prohibida, sabe que las circunstancias del crimen se dan y que tiene grandes probabilidades de causar un resultado dañino y decide continuar con su realización, con lo que normalmente en los ordenamientos internos conocemos como dolo eventual.

En los casos de responsabilidad de mando, las normas internacionales exigen el conocimiento de las circunstancias cuando el comandante sepa que sus subordinados han cometido crímenes y no toma ninguna medida para reprimirlos. Es responsable porque además de conocer sobre la comisión de la conducta criminal de sus subordinados, omite intencionalmente sancionar a quienes la cometieron. En este asunto, la conciencia del hecho sucedido por las tropas bajo su control y autoridad es una condición *sine qua non* de la intención del comandante (Cassese, y otros, 2013, pág. 51).

La **culpa o negligencia grave**, implica que de la persona se espera o se exige que cumpla con ciertas normas de conducta o tome ciertas precauciones específicas que cualquier persona razonable debería cumplir, pese a esto, actúa sin tener en cuenta esas normas o precauciones y no advierte en absoluto el riesgo de daño que su conducta pueda producir en otra persona o, es consciente de ese riesgo, pero cree que no ocurrirá aun cuando la conducta contradice flagrantemente las normas prescritas. Normalmente este *mens rea* no basta para que surja la responsabilidad penal individual (Cassese, y otros, 2013, págs. 52, 53).

Las normas consuetudinarias sobre responsabilidad de los superiores exigen claramente la negligencia grave, por cuanto, si bien no sabían del actuar de sus subordinados "debieron haber sabido" que estos estaban a punto de cometer crímenes, estaban cometiéndolos o los habían cometido (Cassese, y otros, 2013, págs. 53, 54).

Entonces, aunque algunos tratadistas de DPI consideran que la culpa o negligencia grave no alcanza el umbral suficiente para la responsabilidad individual, el derecho consuetudinario sí ha emitido sentencias de acuerdo con ese estado mental, particularmente contra los superiores jerárquicos civiles o militares que ejercían o debían ejercer control sobre los actos de sus subordinados.

En el crimen de Ecocidio propuesto desde Higgins hasta el Panel de Expertos, se plantea la configuración de daños graves y generalizados o de largo plazo al medio ambiente "con conocimiento de que existe una probabilidad sustancial de que se produzcan". Es decir, de los elementos mentales que en principio el ER establece como intencionalidad en el artículo 30, que son conocimiento y la intencionalidad propiamente dicha, solo el conocimiento se ubica en la propuesta del posible nuevo crimen de la CPI.

La intencionalidad qué, como se ha tratado, en fundamento a lo preceptuado en el ER equivaldría al dolo directo, en el Ecocidio estaría siendo reemplazado por el dolo eventual (en el estadio del conocimiento) o la culpa o negligencia grave, en caso de los jefes y otros superiores (art 28 ER).

Ilustración 3. Mens rea. Estados mentales según el DPI

MENS REA
Intención, dolo directo
Intención especial
Intención indirecta o imprudencia
Conocimiento
Culpa o negligencia grave
Sobre la prohibición de los actos materiales y la existencia de las circunstancias
Sobre la alta probabilidad que ocurra el resultado
Artículos 28 y 33 ER.

Fuente: (Cassese, y otros, 2013, págs. 37-58). Elaboración propia.

Si bien el artículo 30 del ER de entrada diferencia la intención del conocimiento como dos estados mentales distintos, advirtiendo qué, como punto de partida de la responsabilidad penal internacional deben confluir los dos, no está de más insistir que la intención abarca la conciencia que al realizar determinada acción u omisión se generará un resultado y el perpetrador quiere provocar ese resultado. El conocimiento, por su parte, implica que el agente sabe que su acción u omisión está prohibida por el DPI, existen unas circunstancias concretas que se dan y en el curso normal de su desarrollo u omisión, existe una alta probabilidad de que se produzca un determinado resultado y aun así asume el riesgo.

En el caso del desastre minero de Aznalcóllar donde el 25 de abril de 1998, una balsa que contenía residuos de metales pesados contaminantes se rompió en dos, generando el vertido de más de cinco millones de metros cúbicos de tales residuos sobre una superficie de 4.634 hectáreas, afectando zonas del entorno natural de Doñana cuya procedencia era de una mina de la empresa de capital sueco Boliden- Apirsa, se llegó a la sanción administrativa pese a decretarse el archivo en la jurisdicción penal (Cuerda Arnau, 2023, pág. 174).

La sentencia STS 22 de noviembre 2004, fijó la cuantía en 43,7 millones de euros y tuvo en cuenta dos fundamentos altamente poderosos para emitir la decisión que calificó los hechos como no fortuitos e inevitables. Se estableció que a Boliden Apirsa S.L *"le era exigible, como titular de la explotación minera el deber de mantener la balsa en las adecuadas condiciones de seguridad y la omisión de ese deber comporta ese elemento de culpabilidad"* (...). A Boliden Apirsa S.L le fue imputable la culpa en la elección de la empresa Geocisa, con quien contrató un estudio de estabilidad del dique de la balsa siniestrada para realizar un proyecto de recrecimiento de aquel y, además, la culpa *"por no haberse implicado más directamente en la vigilancia de unos instrumentos de control creados para mantener en situación de seguridad una situación de riesgo creada por ella en el ejercicio de su actividad"* (Cuerda Arnau, 2023, págs. 175, 176, 177).

Es decir, la responsabilidad de un agente que ha causado una lesión grave al medio ambiente ya ha sido atribuida en el estado mental de "conocimiento" cuando se establece que los hechos que dieron lugar a ese daño "no fueron fortuitos e inevitables". En igual sentido, el *mens rea* de culpa le ha sido imputable a quien fuere el garante de vigilancia y el control de la conducta que creó la situación de riesgo. En este caso en concreto, se le atribuyó responsabilidad a Boliden Apirsa S.L como persona jurídica.

El Artículo 8ter, elaborado por el Panel de Expertos que modificaría el ER para el nuevo crimen de Ecocidio, define "injustificado" como actos realizados "con temerario desprecio por daños que serían claramente excesivos en relación con los beneficios sociales y económicos previstos", por lo que con dicho criterio de "desenfrenado" marca un límite a los actos justificados de los injustificados y buscan equilibrar los beneficios socioeconómicos que conllevaría una actividad legal realizada de manera responsable desde la perspectiva del concepto de desarrollo sostenible, de aquellas que "claramente" se exceden esos beneficios para la sociedad y en su lugar, causen daños graves, generalizados o a largo plazo sobre el medio ambiente (Minkova, 2023, pág. 74).

Mark Gray emplea el concepto de "desperdicio", "derroche" "waste", "wasteful", para indicar que lo que elevaría el Ecocidio a crimen internacional es este elemento. Para él, el Ecocidio consiste en actos y políticas deliberadas que los gobiernos, individuos y organizaciones realizan y persiguen conociendo el daño que causan y las alternativas disponibles.

Por lo general, no produce ningún beneficio para la sociedad (aunque a menudo beneficia enormemente a una minoría mercantilista) y cuando hay beneficios sociales, estos son ampliamente superados por los costos sociales. En ese sentido, el Ecocidio muestra un desperdicio de recursos valiosos, excluye alternativas eficientes y amplía las disparidades de riqueza, es improductivo, insostenible y equivocado (Gray, 2017, págs. 217, 218).

En ese orden de ideas, es perfectamente loable, tanto por el derecho consuetudinario como por el ER, que el estado mental del crimen de Ecocidio se ubique en el conocimiento y la culpa o negligencia grave como se procede a exponer.

Ilustración 4. Mens rea del Ecocidio

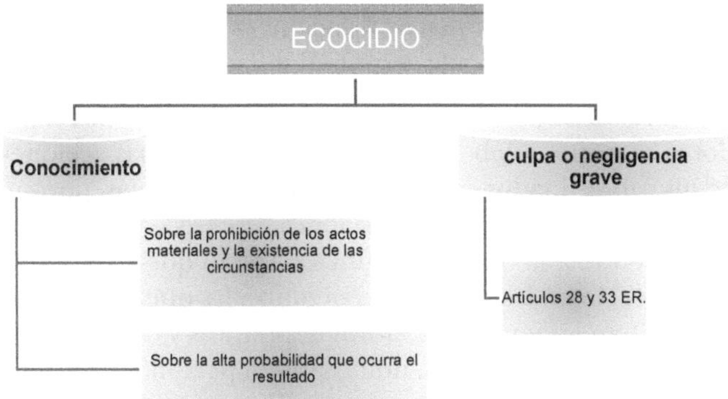

Fuente: Elaboración propia.

El conocimiento en las dos versiones que referíamos eran traídas desde el *common law*, pueden configurarse como *mens rea* del crimen de Ecocidio en la medida que el perpetrador tiene la conciencia de la prohibición sobre sus actos u omisiones y las altas probabilidades que un resultado dañino se dé, pero asume el riesgo de que ocurran y continua con su desarrollo.

Aquí, el agente conoce los actos materiales y las circunstancias de la acción u omisión y aunque no busca propiamente el resultado dañino, tiene la conciencia que en el curso normal de los acontecimientos se produzca en alta probabilidad. Asimismo, sus actos no impiden su consecución y, por el contrario, en la medida que avancen, la probabilidad del resultado dañino es más alta y cercana.

Como se subrayó, conforme las directrices del derecho consuetudinario se ha atribuido responsabilidad penal por culpa o negligencia grave a superiores jerárquicos civiles y militares, en los eventos en que éstos conocían de los actos u omisiones de sus subordinados en crímenes internacionales y no realizaron acciones correctivas y sancionatorias sobre ellos, o no las conocían, pero las debieron haber conocido.

Esta modalidad de estado mental que destaca un "deber" del superior sobre sus subordinados, es el elemento fundamental para su materialización; es una circunstancia del crimen en punto a la responsabilidad penal.

En ese sentido, el "deber" que se reputa sobre los superiores es porque deben tener el control sobre las acciones de sus subordinados (o debieron tenerlo). Además, porque tienen la facultad de tomar acciones represivas sobre ellos. Esto atiende a la teoría del funcionalismo que es visible e identificable en las estructuras organizadas que son las que determinan las jerarquías, normas, políticas y directrices al interior de esa estructura, nombran a la persona natural en esa posición (se presume que en mérito a sus capacitades) y le otorgan ese "deber".

Ese deber es funcional en la medida que está sujeto a las obligaciones del cargo ocupado. Las responsabilidades y calidades se entienden que aumentan conforme se escala en la estructura jerarquizada, de modo qué, no será lo mismo exigirle responsabilidad penal a un soldado regular que a un comandante.

En el ámbito corporativo, podría aplicarse este símil en el derecho penal internacional si se incorporase la responsabilidad penal a personas jurídicas qué, de hecho, se aplica actualmente en varios ordenamientos jurídicos. De modo que tampoco sería lo mismo la responsabilidad que le asiste a un alto ejecutivo que a un empleado raso.

En el caso Prestige los argumentos sobre la imprudencia analizados por el juzgador refirieron que el acusado "*incrementó con su actuación el riesgo permitido en su actividad como capitán del buque Prestige, y no neutralizó los que otros contribuyeron a crear. Todo ello con la consiguiente infracción del deber objetivo de cuidado que le incumbía*" (Cuerda Arnau, 2023, págs. 184, 185).

Lo anterior, muestra que el debate sobre la intencionalidad del autor en litigios por causas medio ambientales lleva por lo menos diez años en escenarios del Derecho Penal medio ambiental, permitiendo observar que la eficacia de la acción penal no supera a la intervención administrativa, qué, no en pocos casos, resulta ser más eficaz y contempla sanciones más gravosas que las multas penales (Cuerda Arnau, 2023, págs. 188, 189).

En los apartados que siguen a continuación, se explicará cómo es posible atribuir responsabilidad penal internacional a personas jurídicas y a Estados por el crimen de Ecocidio bajo las premisas de conocimiento y culpa o negligencia grave, por omisión de la debida diligencia y obligaciones internacionales, como estados mentales del crimen y algunas modalidades de autoría y participación que pueden presentarse también.

3.5. SUJETOS RESPONSABLES

La responsabilidad penal individual es por antonomasia, el tipo de responsabilidad que se aplica en el derecho penal internacional y que ha sido positivizado en el ER.

Este apartado se centrará en abordar la responsabilidad penal internacional en el evento de crearse el crimen de Ecocidio, considerando que las nuevas formas de responsabilidad penal (que de por sí, no son nuevas en algunos ordenamientos internos y sistemas jurídicos regionales y comunitarios, pero sí lo son para la CPI), pueden abarcar la comisión de crímenes internacionales perpetrados por Estados, personas jurídicas y por supuesto, personas naturales.

Como se estudiará en estos subcapítulos, si bien las conductas materiales del crimen en su exteriorización son realizadas por personas físicas, no resulta ser obligatorio, conforme el derecho internacional y en la propuesta de responsabilidad de derecho penal internacional objeto de esta investigación, que siempre se acuda a la configuración de una acción u omisión por parte de una persona natural para así, posteriormente, atribuir responsabilidad penal a una persona jurídica y un Estado.

El derecho internacional aplica directamente responsabilidad a Estados por incumplimiento en sus obligaciones internacionales y en materia de Derechos Humanos, por su vulneración, no garantía y hasta aquiescencia de su violación, en algunos casos, con los victimarios.

Tal y como se abordará, el DPI y el derecho consuetudinario consideran que el nivel de gravedad de un crimen internacional es tan alto y lesiona tanto a la comunidad internacional que sobrepasa la esfera individual en casi todos los casos, si no es que es en todos. Aunque los actos subyacentes sean producidos por personas naturales, los crímenes internacionales denotan complejas estructuras criminales que son las que permiten que la acumulación de actos subyacentes de personas físicas alcance el umbral de gravedad.

Así, una sola persona no lograría actuando de forma aislada, la configuración de un crimen internacional; sería simplemente un criminal de alta envergadura, pero a quien se le aplicaría el derecho penal del ordenamiento jurídico lesionado y algunas figuras de cooperación penal internacional como la extradición.

Otra modalidad de responsabilidad penal internacional que se ubica en el ER es la que se encuentra en el artículo 28, sobre responsabilidad de los jefes y otros superiores. Esta responsabilidad será estudiada en los acápites 3.5.2 y 3.5.3, que tratará sobre la responsabilidad penal a Estados y personas jurídicas qué, en consideración propia, resulta ser más didáctica para la comprensión de esta figura.

A continuación, se analizarán las formas más relevantes en que podría aplicarse la comisión de un posible crimen de Ecocidio, de conformidad con el artículo 25 del ER. Para esta investigación, esas formas están contempladas en el numeral 3, de los literales *a* al *d ii* y posteriormente, como acaba de aclararse, se estudiará la responsabilidad de los jefes y superiores jerárquicos en las modalidades de responsabilidad penal a Estados y personas jurídicas.

3.5.1. Responsabilidad Penal Individual

Estipula el Artículo 25 del ER:

> **Responsabilidad penal individual**
>
> 1. De conformidad con el presente Estatuto, la Corte tendrá competencia respecto de las personas naturales.
> 2. Quien cometa un crimen de la competencia de la Corte será responsable individualmente y podrá ser penado de conformidad con el presente Estatuto.
> 3. De conformidad con el presente Estatuto, será penalmente responsable y podrá ser penado por la comisión de un crimen de la competencia de la Corte quien:
> a) Cometa ese crimen por sí solo, con otro o por conducto de otro, sea éste o no penalmente responsable;
> b) Ordene, proponga o induzca la comisión de ese crimen, ya sea consumado o en grado de tentativa;
> c) Con el propósito de facilitar la comisión de ese crimen, sea cómplice o encubridor o colabore de algún modo en la comisión o la tentativa de comisión del crimen, incluso suministrando los medios para su comisión;
> d) Contribuya de algún otro modo en la comisión o tentativa de comisión del crimen por un grupo de perso nas que tengan una finalidad común. La contribución deberá ser intencional y se hará:
> i) Con el propósito de llevar a cabo la actividad o propósito delictivo del grupo, cuando una u otro entrañe la comisión de un crimen de la competencia de la Corte; o
> ii) A sabiendas de que el grupo tiene la intención de cometer el crimen;
> e) Respecto del crimen de genocidio, haga una instigación directa y pública a que se cometa;
> f) Intente cometer ese crimen mediante actos que supongan un paso importante para su ejecución, aunque el crimen no se consume debido a circunstancias ajenas a su voluntad. Sin embargo, quien desista de la comisión del crimen o impida de otra forma que se consume no podrá ser penado de conformidad con el

> presente Estatuto por la tentativa si renunciare íntegra y voluntariamente al propósito delictivo.
> 4. Nada de lo dispuesto en el presente Estatuto respecto de la responsabilidad penal de las personas naturales afectará a la responsabilidad del Estado conforme al derecho internacional.

La norma inicia confirmando que la competencia de la CPI recae sobre las personas naturales únicamente, pero finaliza advirtiendo que dicha responsabilidad no afectará la responsabilidad de los Estados en el derecho internacional. Con esto se reconoce que unos mismos hechos pueden dar lugar a múltiples responsabilidades penales.

3.5.1.1. Quien a) Cometa ese crimen por sí solo, con otro o por conducto de otro, sea éste o no penalmente responsable

Según el Art 25, existen diversas formas de alcanzar esa responsabilidad penal. La primera de ellas es cuando el perpetrador es quien ejecuta materialmente la conducta y quiere lograr el resultado. Hay una congruencia entre los actos materiales y la intencionalidad.

La comisión puede implicar la realización de actos proscritos o prohibidos o la omisión, es decir, el incumplimiento de actos obligatorios. Si el agente realiza los elementos materiales descritos por el crimen con la intención y el conocimiento necesarios, será responsable penalmente del crimen sobre la base de su comisión. A esto se le conoce como forma básica de comisión del crimen. (O'Keefe, 2017, págs. 169, 170).

El crimen puede ser cometido por sí mismo, "con otro o por conducto de otro".

La expresión "con otro" denota coautoría y puede presentarse según la interpretación del ER o con las modalidades que el derecho consuetudinario aporta al DPI, donde aparece, por ejemplo, la "empresa criminal conjunta" "Joint Criminal Enterprise" (ECC) (JCE).

El modelo de coautoría de la CPI, tal y como está planteado, tiene un *mens rea más estricto que el de la responsabilidad de la empresa criminal conjunta* (Meisenberg, 2013, pág. 87), cuya figura ha surgido de la jurisprudencia de los Tribunales *ad hoc* y las Cortes Especiales de DPI.

La noción de comisión reconocidas por los Tribunales penales de la Antigua Yugoslavia, Ruanda, la Corte Especial de Sierra Leona y el derecho consuetudinario, trae implícita la responsabilidad penal por participación en una JCE, que parte de la responsabilidad por participar en dicha empresa. No se necesita cometer físicamente ninguna parte del *actus reus* del crimen y tampoco es necesario estar físicamente presente en el momento y el lugar donde se comete el crimen (O'Keefe, 2017, pág. 170).

El derecho consuetudinario ha distinguido tres modalidades de JCE. La JCE I, es su forma básica, donde un número de personas participan en la ejecución de un plan común en el que cada una de ellas tienen conocimiento para cometer el crimen, todos comparten la intención de cometerlo y ese crimen se comete (O'Keefe, 2017, págs. 170, 171).

El segundo tipo es la JCE II, en su forma "sistemática", es variante de la primera y es llamado también "campo de concentración", ya que existe un sistema organizado para cometer un crimen. El acusado participa voluntariamente con la intención de cometer el crimen, lo conoce y comete el crimen (O'Keefe, 2017, pág. 171).

La tercera forma de JCE, la JCE III o "extendida", es cuando varias personas participan en la consecución de un plan común para cometer un crimen, compartiendo la intención de cometerlo, pero finalmente, el crimen que se produce es otro, aunque sea una consecuencia natural y previsible de la ejecución del plan. Un participante de la JCE puede ser considerado responsable de haber cometido el crimen cuando voluntariamente asumió el riesgo de que ocurriera (O'Keefe, 2017, pág. 171).

En las JCE I y II, todos los miembros de la empresa criminal pueden ser declarados penalmente responsables para todos los crímenes que estén dentro del propósito común. La modalidad extendida o JCE III, involucra actos criminales que quedan fuera del propósito criminal, de esta manera, un acusado que pretenda participar en un fin común podrá ser declarado culpable de actos ajenos a ese propósito si tales actos son una consecuencia natural y previsible de la comisión de ese crimen (Meisenberg, 2013, pág. 70).

Por tanto, las tres formas de JCE requieren como *actus reus*: i) una pluralidad de personas, ii) la existencia de un plan común que suponga o involucre la comisión de un crimen, iii) la participación del involucrado en el plan común. De *mens rea*, la forma básica demanda que el acusado i) debe tener la intención de participar y contribuir al plan común para cometer el crimen, ii) debe tener la intención en la comisión del crimen o del acto subyacente y iii) debe compartir esa intención con otros miembros de la JCE (Meisenberg, 2013, págs. 70, 71).

El modelo de coautoría de la CPI según el artículo 25 (3) (a) del ER, tiene un *mens rea más estricto que el estándar de la responsabilidad de la JCE, particularmente porque en el artículo 30 (elemento de intencionalidad) no contempla la norma del dolus eventualis* (Meisenberg, 2013, pág. 87).

Un coautor de un plan no criminal debe ser consciente de que una consecuencia no deseada del plan no criminal ocurrirá en el curso normal de los acontecimientos, en consecuencia, el coautor debe tener conciencia de que sus actos u omisiones causarán una consecuencia no deseada que no está cubierta por el plan no criminal (Meisenberg, 2013, pág. 87).

En la JCE III, la responsabilidad admite un estándar de *dolus eventualis* y es suficiente que el perpetrador voluntariamente acepte el riesgo de que puedan ocurrir crímenes.

El dolo eventual de la JCE III a menudo se confunde con imprudencia o incluso negligencia (Meisenberg, 2013, pág. 87), pero como se analizó en el subacápite anterior, el dolo eventual que puede hallarse en el conocimiento de la comisión de la conducta u omisión es distinto a la mera intención indirecta, "recklessness" o imprudencia porque esta última es un estado mental propio que se ubica en la intencionalidad y no el conocimiento del perpetrador.

No es necesario que el objetivo del plan común sea un crimen, siempre que un crimen sea el medio previsto para alcanzar ese objetivo. Los participantes en la JCE "no necesitan estar organizados en una estructura militar, política o administrativa", tampoco que un plan común haya sido previamente diseñado, puede materializarse extemporáneamente (O'Keefe, 2017, pág. 172).

Para declararse responsabilidad, no es necesario haber participado en la formulación del plan común, todo lo que se requiere es que el acusado participe de alguna manera de la ejecución de un plan del que tiene conocimiento. No es una condición de responsabilidad de los participantes en una JCE que el autor físico del crimen sea parte de la empresa, antes bien, cada uno de los participantes de la JCE pueden ser responsables de un crimen cuando uno o más participantes ordenan o utilizan de algún modo a un tercero para cometer el crimen, siempre que este esté contemplado o sea una consecuencia natural y previsible de la ejecución del plan común (O'Keefe, 2017, pág. 172).

En términos de causalidad, un acusado incurrirá en responsabilidad por su participación en una JCE sólo si su contribución a la empresa es significativa, que no es lo mismo que sustancial, es decir, la contribución del acusado no tiene que ser una condición *sine qua non* para que se cometa el crimen (O'Keefe, 2017, pág. 173).

Entonces, un asunto es la coautoría y otro es la empresa criminal conjunta JCE, que es una forma de coautoría que puede darse para alcanzar la comisión de un crimen sea este el perseguido, sea otro, pero previsible o aun no siendo previsible, que finalmente se dé.

Una contribución es esencial si los demás perpetradores no podrían ejecutar el plan común sin ella. Esta contribución no se limita a la ejecución directa del crimen, en el DPI incluso, las contribuciones alejadas de la ejecución real del crimen, como la planificación y las organizaciones, puede ser esenciales e indicar un grado particularmente alto de responsabilidad. En estos casos el coautor controla la comisión del crimen tanto como autor directo como indirecto (Werle & Jessberger, 2014, págs. 205, 206).

La CPI acepta que la criminalidad conjunta de los coautores no requiere necesariamente un "plan criminal", cuya conclusión no se aplica para la JCE. La Sala de Cuestiones preliminares en el caso Lubanga consideró que el plan común "debe incluir un elemento de criminalidad, aunque no es necesario que esté dirigido específicamente a la comisión del crimen", precisó que basta con 1) que los coautores hayan acordado a) iniciar la implementación del plan común para lograr un objetivo no criminal, y b) cometer únicamente el crimen si se cumplen ciertas condiciones, o 2) que el coautor sea consciente a) del riesgo de que la implementación del plan común (que está dirigido específicamente al logro de un objetivo no criminal), resulte en la comisión de un crimen y b) acepta tal resultado (Meisenberg, 2013, págs. 86, 87).

La interpretación que hizo la CPI del artículo 30-2-b refrendada por la Sala de Cuestiones Preliminares I en el caso Lubanga, conduce a la inclusión del dolo indirecto o *dolus eventualis* (Werle & Jessberger, 2014, págs. 191, 192).

En ese mismo caso, la CPI diferenció que mientras en la jurisprudencia de los tribunales *ad hoc* la comisión se determinaba únicamente sobre una base subjetiva, el criterio definitorio de la comisión conjunta, como de cualquier otra forma de comisión, de acuerdo con el artículo 25 (3) (a) del ER, era el concepto de control (Werle & Jessberger, 2014, pág. 208).

En la comisión conjunta, la prueba de "control" establece que cada coautor podría frustrar la comisión conjunta del crimen al no llevar a cabo su tarea. Por lo tanto, en opinión de la Sala de Cuestiones Preliminares de la CPI, la comisión conjunta requiere una contribución esencial (Werle & Jessberger, 2014, pág. 208). De tal modo que controlar en todo o en parte la materialización del crimen es de hecho un aporte esencial y sustancial en el crimen.

La tercera alternativa de comisión del crimen del artículo 25-3-a del ER, es la comisión "a través de otra persona", sea esta penalmente responsable o no.

Según el artículo 25 (3) (a), pueden combinarse la coautoría y la perpetración indirecta para dar lugar a la "coautoría indirecta", que surge cuando una de las personas parte en un acuerdo o plan común, tiene control sobre el crimen en virtud de la asignación o realización de una tarea esencial y la hace a través de otra persona cuya voluntad controla o por medio de una organización que controla (O'Keefe, 2017, págs. 182, 183).

La coautoría indirecta puede entenderse como una forma modificada de comisión conjunta de conformidad con el artículo 25 (3) (a). Abarca los casos en los que al menos un autor realiza una contribución a través de otra persona bajo su control. Todas las contribuciones, ya sean directas o indirectas, son atribuibles a todos los demás coautores (Werle & Jessberger, 2014, pág. 211).

En el contexto del derecho internacional, el concepto de autor por medios es de particular relevancia. En las estructuras jerarquizadas se ubica el "autor detrás del autor" (o también llamado el "hombre de atrás"), donde son los superiores de mayor rango en la jerarquía quienes normalmente pueden ejercer control sobre los actos de los subordinados. Al mismo tiempo, los subordinados siguen siendo responsables penalmente. El autor detrás del autor controla las jerarquías de poder y se presenta por lo general, en casos relacionados con la macro criminalidad orquestada por el Estado (Werle & Jessberger, 2014, pág. 209).

La perpetración indirecta requiere que quienes están en segundo plano, controlen la ejecución del crimen controlando a su vez la voluntad de quienes lo realizan directamente. Ese control también puede ser ejercido por un "aparato de poder". Estamos frente a un "aparato de poder" cuando una organización incluye niveles de jerarquía y está estructurada de acuerdo con principios de mando y obediencia (Werle & Jessberger, 2014, págs. 209, 210).

La estructura de mando dentro de la organización debe funcionar con tanta eficacia que la orden de un superior de cometer un crimen se lleve a cabo casi "automáticamente". Tal automatismo puede estar presente singularmente, cuando la estructura de poder es tan grande que los subordinados individuales pueden ser reemplazados sin afectar la ejecución de la orden. Si no son intercambiables de este modo, la obediencia automática también puede manifestarse mediante estrictos ejercicios y severos castigos por desobediencia, o mediante "mecanismos de pago" especiales (Werle & Jessberger, 2014, pág. 210).

La sala de cuestiones preliminares de la CPI explicó que la organización debe basarse en una estructura jerarquizada que comprenda suficientes subordinados fungibles que garanticen el cumplimiento automático de la voluntad del líder. De esta manera, el "perpetrador- detrás del perpetrador" puede lograr sus objetivos criminales utilizando a sus subordinados como simples engranajes en una maquinaria gigante (Cassese, y otros, 2013, pág. 178).

El "automatismo funcional" significa que debe ser una organización en la que las órdenes de sus superiores se ejecuten automáticamente, si es necesario, mediante personal sustituto. En otras palabras, la naturaleza y dinámica estructural de la organización debe garantizar qué, independientemente de la identidad de sus miembros, el control lo tiene los superiores sobre el crimen. Es necesario que el acusado realmente ejerza control, ello implica que debe ordenar al menos una parte de la organización para cometer los elementos materiales. Corresponde al subordinado decidir si ejecuta o no la directiva (O'Keefe, 2017, págs. 181, 182).

En el ER el elemento mental de esta modalidad de comisión a través de otro requiere que el acusado cumpla personalmente todos los elementos subjetivos del crimen previsto, incluida cualquier intención específica si así lo exige el crimen. Además, deberá conocer las circunstancias de hecho que le permitan controlar la comisión a través de otra persona (Werle & Jessberger, 2014, pág. 211).

En la doctrina se hallan dos posturas sobre "aparatos organizados de poder" en el DPI. Una de ellas asume que la fungibilidad de los miembros es una condición *sine qua non* del crimen, una circunstancia. La otra, que este aspecto simplemente es evidencia de la existencia de un aparato organizado.

Personalmente acojo la última postura pues los elementos de los crímenes han sido bien desarrollados tanto por el ER como por el derecho consuetudinario, cualquiera de los cuatro crímenes que hoy son de competencia de la CPI pueden darse o no en un aparato organizado de poder, la forma de comisión debe ser evaluada en cada caso.

Finalmente, el artículo 25-3-a, comprende otras dos formas de comisión indirecta en coautoría: la planificación y la instigación.

La planificación requiere que una o más personas diseñen la conducta criminal, constitutiva de uno o más crímenes que luego se perpetran. No es necesario que el acusado sea el autor del plan. Planificar no significa que el crimen tenga que ser el objetivo de los actos u omisiones previstos, basta con que el acusado planeara perpetrar el crimen en la ejecución de cualquier objetivo relevante. Es decir, es suficiente con demostrar que la planificación fue un factor que contribuyó sustancialmente a la conducta criminal (O'Keefe, 2017, págs. 183, 184).

El estado mental para otorgar responsabilidad penal es la intención indirecta de planificar la comisión del crimen o el conocimiento de la probabilidad de que se cometa uno en la ejecución del plan (O'Keefe, 2017, pág. 184).

La instigación, por otro lado, precisa incitar a otra persona a cometer un crimen. Tampoco es necesario que el acusado esté físicamente presente en el lugar del crimen, pero a diferencia de la planificación, esta comisión implica demostrar que la instigación fue un factor que contribuyó sustancialmente a la conducta de la persona que cometió el crimen, no probar que se habría perpetrado sin la participación del acusado (O'Keefe, 2017, pág. 184).

La intención directa de instigar la comisión del crimen o el conocimiento de la probabilidad sustancial de que se cometa un crimen en la ejecución de lo que se instiga, es el *mens rea* de esta figura (O'Keefe, 2017, pág. 184).

Subjetivamente, la instigación requiere que el instigador deseara "provocar o inducir" la comisión del crimen o que fuera consciente de la "probabilidad sustancial" de que la comisión del crimen resultaría de su conducta. Conforme el sistema de distintos niveles de participación del estatuto de la CPI, se puede presentar un argumento convincente de que el instigador puede ser considerado responsable si conocía la intención específica del perpetrador, incluso sin compartirla. Esta posición permite caracterizar la instigación como un modo de participación de menor gravedad que la perpetración, al tiempo que refleja la mayor gravedad de la instigación en comparación con la mera complicidad (Werle & Jessberger, 2014, pág. 214).

3.5.1.2. b) Ordene, proponga o induzca la comisión de ese crimen, ya sea consumado o en grado de tentativa

Ordenar la comisión de un crimen significa que "una persona que ocupa una posición de autoridad *de derecho (iure) o de facto,* ordena a otra que cometa el crimen". No es necesaria una relación formal de superior-subordinado del acusado y la persona que comete el crimen. Puede ser suficiente una relación informal, incluso de naturaleza temporal, pero si es así, debe haber una prueba de una posición de autoridad por parte del acusado que obligaría a otra persona a cometer un crimen por orden de aquel (O'Keefe, 2017, págs. 186, 187).

Cuando existe una relación de autoridad de *iure* no se exige que el superior ejerza un control efectivo a diferencia de las responsabilidades de mando y otras responsabilidades superiores, esa mera autoridad de *iure* basta para atribuir responsabilidad. Tampoco se requiere que la orden se dé por escrito o que el acusado esté físicamente en el lugar del crimen (O'Keefe, 2017, pág. 187). Sin embargo, para el Tribunal Penal de la Antigua Yugoslavia una orden no puede dictarse por omisión (Werle & Jessberger, 2014, pág. 215).

Cualquiera que ordene la comisión de un delito contra el derecho internacional es penalmente responsable (Werle & Jessberger, 2014, pág. 214).

Procede también la responsabilidad por orden, en términos de causalidad, cuando tiene un "efecto directo y sustancial" sobre la comisión del crimen, siendo innecesario demostrar que el crimen no se habría cometido de no ser por la orden. El acusado, además, no necesita dar la orden directamente al perpetrador material del crimen, ya se incurre en responsabilidad cuando se emite o transmite la orden de otro modo. Si se emplea un intermediario para hacerlo a través de una cadena de mando, siempre y cuando se cumplan los elementos mentales, ese intermediario puede ser considerado también como responsable de ordenar el crimen (O'Keefe, 2017, págs. 187, 188).

El *mens rea* en la modalidad de "orden" es doble: la intención directa de ordenar la comisión del crimen y la conciencia de la probabilidad sustancial de que el crimen ocurra en el curso normal de los acontecimientos (O'Keefe, 2017, pág. 188). Esto significa que el elemento mental requiere que la persona que da la orden tenga la intención de que se cometa un crimen en la ejecución de esa orden, o al menos sea consciente de la probabilidad sustancial de que se cometa un crimen (Werle & Jessberger, 2014, pág. 215).

En similar sentido se entiende las acciones de "solicitar o inducir" a "ordenar" del artículo 25 (3) (b), con la única diferencia que las dos primeras no requieren una relación de autoridad (O'Keefe, 2017, pág. 188).

Todos estos modos de participación tienen en común que el participante no ejecuta el crimen por sí mismo, sino que instiga a otra persona a hacerlo. Esta instigación sólo genera responsabilidad penal si el crimen se ejecutó o si al menos se intentó. Por lo tanto, la instigación y la orden son modos accesorios de participación (Werle & Jessberger, 2014, pág. 213).

3.5.1.3. c) Con el propósito de facilitar la comisión de ese crimen, sea cómplice o encubridor o colabore de algún modo en la comisión o la tentativa de comisión del crimen, incluso suministrando los medios para su comisión

Ayudar e instigar en la comisión del crimen son formas de responsabilidad penal que han sido reconocidas por los estatutos de los Tribunales de Ruanda, la antigua Yugoslavia, la Corte Especial de Sierra Leona y la CPI. Como elementos materiales, la complicidad implica actos u omisiones que "ayudan, alientan o prestan apoyo moral" a la comisión del crimen (O'Keefe, 2017, págs. 188, 189).

Para que se configure el crimen puede ser suficiente el estímulo o la aprobación tácita de su comisión. La complicidad puede ocurrir antes, durante o después de la comisión del crimen y en lugar distinto donde se produzca. La responsabilidad también puede surgir por omisión cuando un individuo no cumple con un deber legal y por este incumplimiento ayuda, alienta o presta apoyo moral a la comisión de un crimen. En ese caso, el procesado debe tener "capacidad de obrar", lo que significa que "había medios a su disposición para cumplir el deber" (O'Keefe, 2017, págs. 189, 190).

Una forma típica de asistencia, expresamente mencionada en el artículo 25 (3) (c) del estatuto de la CPI, es "proporcionar los medios para su comisión" (Werle & Jessberger, 2014, pág. 218).

En principio, no es necesario que el autor principal esté consciente de la contribución del cómplice, aunque cuando esta contribución se convierte en estímulo o apoyo moral, el desconocimiento por parte del principal podría afectar la causalidad. En este sentido, la causalidad de la prestación de asistencia, estímulo o apoyo moral, por acción u omisión debe tener un efecto sustancial en la comisión del crimen, pero no necesariamente ser una condición *sine qua non* (O'Keefe, 2017, pág. 190).

El elemento mental del cómplice y el colaborador para declararse su responsabilidad en un crimen recae en que deben saber que sus actos contribuirían a la comisión de este. La Corte Especial de Sierra Leona exige solamente que supieran o "estuviesen conscientes de la probabilidad sustancial" de que sus actos ayudarían a la concreción del crimen (O'Keefe, 2017, pág. 191).

El Estatuto de Roma y la jurisprudencia de los Tribunales de Ruanda y la Antigua Yugoslavia ubican el *mens rea* de la asistencia o la complicidad en la intención de que los actos ayudarán a la comisión del crimen. Resulta innecesario que el cómplice y el colaborador conozcan el crimen preciso que ha de cometer el mandante, siempre que sea consciente de que probablemente se cometa uno o varios crímenes (O'Keefe, 2017, págs. 191, 192).

Una cuestión importante es si el derecho internacional establece responsabilidad penal por los llamados "actos neutrales", como, por ejemplo, el suministro de alimentos, productos químicos y otros bienes (comunes), o la concesión de crédito, y en qué circunstancias. La cuestión adquirió importancia práctica, en particular con respecto a la participación de empresas transnacionales en crímenes de derecho internacional. La responsabilidad dependerá, entre otras cosas, de la medida en que la respectiva contribución al crimen aumente el riesgo de su comisión y de si se cumplen los requisitos del elemento mental (Werle & Jessberger, 2014, pág. 218).

Lo anterior describe que del cómplice y el colaborador se requiere que tengan conocimiento de los elementos esenciales del crimen cometido por el autor principal incluso si es un crimen de intención específica como el genocidio, pero no es necesario que compartan esa intención específica (O'Keefe, 2017, pág. 192). Por lo cual, es suficiente con conocer la intención del autor principal y que la asistencia se preste "con el fin de facilitar la comisión" del crimen (Werle & Jessberger, 2014, págs. 218, 219).

3.5.1.4. d) Contribuya de algún otro modo en la comisión o tentativa de comisión del crimen por un grupo de personas que tengan una finalidad común

El artículo 25 (3) (d) del ER aduce un modo de responsabilidad que es accesoria, no una forma de comisión como sí lo es la Empresa Criminal Conjunta (JCE). En consecuencia, una persona será penalmente responsable de un crimen dentro de la jurisdicción de la CPI si "de cualquier otra manera contribuye a la comisión o tentativa de comisión del crimen, por un grupo de personas que actúan con un propósito común" (O'Keefe, 2017, pág. 193).

En el derecho consuetudinario no existe ningún modelo de este modo de participación que, aunque a primera vista puede parecer similar a la definición de la JCE, este literal *d* no se refiere a una forma de perpetración sino a un modo de participación más amplio y, por tanto, menos grave. Es resultado de complicadas negociaciones en la conferencia de Roma sobre la inclusión de la conspiración (Werle & Jessberger, 2014, pág. 219).

Como requisito objetivo, la responsabilidad está relacionada con la comisión o la tentativa de comisión de un crimen de derecho internacional por parte de un grupo. Un grupo es cualquier asociación de al menos tres personas que actúan a favor de un "propósito común" (Werle & Jessberger, 2014, pág. 220).

La Convención de las Naciones Unidas contra la Delincuencia Organizada Transnacional y sus Protocolos define por "grupo delictivo organizado"

> un grupo estructurado de tres o más personas que exista durante cierto tiempo y que actúe concertadamente con el propósito de cometer uno o más delitos graves o delitos tipificados con arreglo a la presente Convención con miras a obtener directa o indirectamente, un beneficio económico u otro beneficio de orden material (Convención de las Naciones Unidas contra la Delincuencia Organizada Transnacional, 2000) (Artículo 2, literal a).

Como se ha dejado claro, un crimen no es igual a un delito transnacional pero la Convención precitada evidencia que el DPI ha tratado de abordar las posibles responsabilidades propias o accesorias a nivel internacional que incluso persigan únicamente un beneficio económico o material más que la propia vulneración de los valores y principios de la comunidad internacional.

La Convención al igual que los otros instrumentos *soft law*, se reitera, tiene fuerza obligatoria y sancionatoria dependiendo la voluntad y el aparato jurídico con el que cuente el Estado que ratifique la Convención.

Retomando, esta modalidad de comisión del crimen identificada como "contribución", debe tener carácter de "intencional" con el objetivo de promover el propósito criminal del grupo, cuando implique la comisión de un crimen competencia de la CPI (O'Keefe, 2017, pág. 193).

Resalta el artículo 25 del ER que la contribución intencional se hará:

> i) Con el propósito de llevar a cabo la actividad o propósito delictivo del grupo, cuando una u otro entra-

> ñe la comisión de un crimen de la competencia de la Corte; o
> ii) A sabiendas de que el grupo tiene la intención de cometer el crimen; (Estatuto de Roma, 1998).

La distinción clave entre la responsabilidad basada en la JCE y la del artículo 25 (3) (d) del ER es que, mientras la primera requiere que el acusado sea parte en el plan común y hacer una contribución esencial a la comisión del crimen, esta última no requiere que el acusado sea parte del plan común o que haga más que una contribución significativa a la comisión (o tentativa) del crimen (O'Keefe, 2017, págs. 193, 194).

Asimismo, la diferencia conceptual más fundamental entre la JCE y la coautoría, de un lado, y la responsabilidad del 25 (3) (d) de otro, es que la JCE y la coautoría son manifestaciones de responsabilidad por la comisión del crimen, es decir, la responsabilidad es principal. La del 25 (3) (d) es una forma de responsabilidad accesoria, ello es, responsabilidad como cómplice (O'Keefe, 2017, págs. 194, 195).

Cualquier contribución al crimen colectivo que se enmarca en la disposición "contribuye de cualquier otra forma", que no se encuentre amparada por otra forma de participación, especialmente asistencial, se encuadra como responsabilidad penal del cómplice. La sala de cuestiones preliminares de la CPI incluye la contribución o asistencia *ex post facto,* es decir, la que ocurre después de la comisión del crimen, como la financiación y otras formas de apoyo indirecto a crímenes del derecho internacional (Werle & Jessberger, 2014, pág. 220).

Respecto de los elementos mentales de quien realiza una contribución a la comisión de un crimen por un grupo que actúa con un propósito común de manera intencional es de doble vía. En primer lugar, el acusado debe tener la intención de realizar la conducta que equivale a la contribución, esto implica los actos que constituyen la aportación. Los actos entonces, que son el aporte o la contribución al grupo, deben ser conscientes y deliberados (O'Keefe, 2017, pág. 195).

En segundo lugar, el acusado debe "tener al menos conciencia de que su conducta contribuye a las actividades del grupo de personas por los crímenes de los que es supuestamente responsable". Sin embargo, el requisito de intencionalidad no significa que el acusado deba compartir la intención del grupo de cometer el crimen, como se dispone también y se analizó para el literal (c) de esta misma norma (O'Keefe, 2017, págs. 195, 196).

Entonces, el elemento mental de la contribución al crimen debe realizarse con el objetivo de promover la actividad criminal del grupo o el propósito común, en la medida en que se relacionen con la comisión del crimen según el derecho internacional, o con conocimiento de la causa (Werle & Jessberger, 2014, pág. 220).

Recapitulando el ítem 3. 5. 1, puede concluirse que, para la investigación en curso, la responsabilidad penal individual del artículo 25 del ER en lo que atañe al crimen de Ecocidio se podría configurar perpetrando el crimen de manera directa, como autor material del crimen o en coautoría tanto bajo la figura de la JCE como la que describe el elemento de intencionalidad del artículo 30 del ER, a saber, del que tiene consciencia de que sus actos acarrean una consecuencia o del que tiene conocimiento que existe una circunstancia que se va a producir en el curso normal de los acontecimientos y aun así, quiere su realización.

También, de manera indirecta dando lugar a la responsabilidad penal accesoria y no principal, en las modalidades de que tratan los literales *b, c* y *d* del artículo 25 (3) del ER.

Los modos de participación en la comisión del crimen de manera indirecta, como autoría accesoria para el crimen de Ecocidio, que puede llegar a endilgar responsabilidad penal conforme a las disposiciones del ER abarcan: la complicidad (dada antes, durante o después de la comisión del crimen), la asistencia, la contribución, la instigación, la inducción, la orden y la asistencia de comisión de un crimen por un grupo propiamente dicha.

Quienes financien al autor, coautores o al grupo criminal o asistan o contribuyan de algún otro modo a facilitar la comisión del crimen incurrirán, a la luz del ER y el derecho consuetudinario, en responsabilidad penal internacional según su grado de injerencia y aporte sustancial al crimen. En los ítems que siguen a continuación se estudiará otros modos de responsabilidad que podrían adecuarse al crimen de Ecocidio como responsabilidad del superior en jerarquías militares o civiles.

No resulta ser de utilidad en esta investigación las modalidades de responsabilidad individual del artículo 25 (3), el literal *e* y la del numeral 3 bis, ya que atañen a los crímenes de genocidio y agresión. El numeral 3, el literal *f* podría tener injerencia en el Ecocidio cuando se vaya a endilgar responsabilidad en grado de tentativa al perpetrador o perpetradores.

Como se indicó al iniciar este acápite, el numeral 4 del artículo 25 del ER señala expresamente que la responsabilidad penal de las personas naturales del Estatuto no afectará una posible responsabilidad estatal, de acuerdo con las normas del derecho internacional.

3.5.2. Responsabilidad Penal a Estados

El DPI permite que se pueda atribuir responsabilidad a Estados mediante la CIJ, en los términos que ya fueron expuestos en el acápite 2.1 de esta investigación, pero dicha responsabilidad, como se analizó está condicionada a: i) la voluntad de los Estados de someterse a la jurisdicción de la CIJ para dirimir el litigio (si no fuere ya un Estado miembro de la ONU) y, ii) el incumplimiento de una de las partes o ambas, de tratados internacionales.

Si se atribuye responsabilidad penal a Estados por parte de la CIJ por crímenes internacionales competencia de la

CPI que se recuerda son: Genocidio, Crímenes de Guerra, Crímenes de Lesa Humanidad y Agresión, esta no se haría por el incumplimiento del Estatuto de Roma sino por Convenciones y/o tratados internacionales que tratan sobre crímenes internacionales, verbigracia, la Convención contra el Genocidio.

Un claro ejemplo de ello es el reciente fallo de emergencia de la CIJ emitido el 24 de mayo de 2024, donde ordena al Estado de Israel detener la ofensiva militar contra Rafah (ciudad del sur de Gaza) para permitir el ingreso de ayuda humanitaria, *"de conformidad con sus obligaciones en virtud de la Convención para la Prevención y Sanción del Delito de Genocidio"* (Naciones Unidas, 2024).

Días antes, el 20 de mayo de 2024, el Fiscal de la CPI Karim Khan expidió solicitudes de arresto contra *Yahya Sinwar, Mohammed Diab Ibrahim Al-Masri (Deif), Ismail Haniyeh,* los tres principales líderes del grupo armado "Hamas" y contra *Benjamin Netanyahu* (primer ministro de Israel) y *Yoav Gallant* (ministro de defensa de Israel), al tener motivos considerables para creer, con fundamento en la evidencia recolectada, que los precitados ciudadanos tienen responsabilidad penal al incurrir en crímenes de guerra y crímenes de lesa humanidad desde al menos el 7 de octubre de 2023 (International Criminal Court, 2024).

Este caso nos permite observar qué, de manera simultánea y con base en los mismos hechos, la CIJ puede tomar acciones preventivas y adelantar procesos contra Estados en materia penal mientras que la CPI lo hace por crímenes internacionales sobre personas naturales. Sin embargo, la jurisdicción de ambos tribunales se activó de diferente manera.

La CIJ profirió fallo de emergencia contra Israel por ser Estado Parte de la ONU y mediando petición que hiciere el Estado de Sudáfrica (Estado contra Estado). La CPI de otro lado, lo hizo de manera oficiosa por medio de la Oficina del Fiscal de la CPI, atendiendo a que Palestina ratificó el Estatuto de Roma desde el 2 de enero de 2015.

Los dos escenarios de responsabilidad penal contra Estados serán abordados a continuación. Iniciaré analizando la imputación directa a Estados y su viabilidad teórica de acuerdo con el derecho internacional. Posteriormente, estudiaré cómo es además posible llegar a la responsabilidad Penal de Estados interpretando el artículo 28 del ER sobre Responsabilidad de jefes y superiores.

3.5.2.1. Responsabilidad penal directa a Estados

Desde los actos preparativos de la Convención contra el Genocidio de 1948, se puso en debate la posible responsabilidad penal de Estados. El Reino Unido argumentó que el hecho que debía establecerse era la responsabilidad penal del Estado o del propio gobierno, o incluso de los órganos o autoridades del Estado o del gobierno, entre los que se encontraban los jefes de Estado y los funcionarios públicos (Jorgensen, 2005, págs. 32, 36).

Sostuvo además que si bien, no era posible imaginar el castigo en el sentido propio de los Estados y gobiernos, ya que no podían ser llevados ante sus propios tribunales, los Estados sí podían serlo ante un tribunal internacional que tendría el poder de ordenar el cese de los actos genocidas (Jorgensen, 2005, pág. 36).

Quienes estaban a favor de la enmienda a la Convención contra el Genocidio propuesta por Reino Unido señalaron que, debido a la compleja estructura del Estado moderno, los actos a menudo no podían imputarse a un individuo sino necesariamente a todo un sistema (Jorgensen, 2005, pág. 36).

No se previó ninguna sanción penal, pero se argumentó que se podrían instituir otras sanciones contra los Estados como la disolución de una policía criminal o la incautación de bienes materiales y recursos financieros pertenecientes al gobierno responsable. También se sugirió que una disposición para responsabilizar a los Estados por el crimen de genocidio pondría de relieve la estrecha relación entre la cuestión del genocidio y el mantenimiento de la paz, y también podría actuar como disuasivo para los Estados (Jorgensen, 2005, pág. 36).

Finalmente, La enmienda fue rechazada por veinticuatro votos contra veintidós. Los principales argumentos de la oposición fueron que el único castigo que se podría imponer a los Estados serían reparaciones materiales, que probablemente no tendrían el efecto disuasorio deseado, ya que serían pagadas por el contribuyente. Asimismo, se hizo referencia al modelo de los juicios de Nuremberg que, según se argumentó, habían sido más significativos que una condena moral del Estado alemán (Jorgensen, 2005, pág. 36).

En 1947, la ONU crea la Comisión de Derecho Internacional CDI (o ILC por sus siglas en inglés) como órgano subsidiario de la Asamblea General, iniciando labores a partir de 1949. De acuerdo con el Artículo I de su Estatuto, la CDI tiene por objetivo la promoción del desarrollo progresivo del derecho internacional y su codificación (Jorgensen, 2005, pág. 41).

Para 1973, la CDI inició la preparación del borrador de artículos sobre Responsabilidad del Estado. El artículo I, titulado "Responsabilidad de un Estado por sus actos internacionalmente ilícitos", establecía que "todo hecho internacionalmente ilícito de un Estado entraña la responsabilidad internacional de ese Estado". En ese contexto, el término "sanción" se utilizó para describir una medida que, aunque no necesariamente implica el uso de la fuerza, se caracteriza (a menos en parte) por el propósito de infligir un castigo (Jorgensen, 2005, págs. 48, 49).

El comité de redacción acordó en el proyecto del artículo 19 la responsabilidad estatal así:

> 1. Un hecho de un Estado que constituye una violación de una obligación internacional es un hecho internacionalmente ilícito, cualquiera que sea el objeto de la obligación violada.

> 2. Un hecho internacionalmente ilícito que resulte del incumplimiento por un Estado de una obligación internacional tan esencial para la protección de los intereses fundamentales de la comunidad internacional que su incumplimiento sea reconocido como crimen por esa comunidad en su conjunto constituye un crimen internacional.
> 3. Sin perjuicio de lo dispuesto en el apartado 2, y sobre la base de las normas de derecho internacional vigentes, un crimen internacional podrá resultar, entre otras cosas, de:
> a) Una violación grave de una obligación internacional de importancia esencial para el mantenimiento de la paz y la seguridad internacionales, como la que prohíbe la agresión;
> b) Una violación grave de una obligación internacional de importancia esencial para salvaguardar el derecho a la libre determinación de los pueblos, como la que prohíbe el establecimiento o mantenimiento por la fuerza de una dominación colonial;
> c) Una violación grave y generalizada de una obligación internacional de esencial importancia para la salvaguardia del ser humano, como las que prohíben la esclavitud, el genocidio y el apartheid;
> d) El incumplimiento grave de una obligación internacional de esencial importancia para la salvaguardia y preservación del medio humano, como las que prohíben la contaminación masiva de la atmósfera o de los mares.
> 4. Todo hecho internacionalmente ilícito que no sea un crimen internacional de conformidad con el párrafo 2, constituye un delito internacional (Jorgensen, 2005, págs. 49, 50).

Sobre el proyecto de artículo 19, el texto final fue modificado y al reformularse se excluyó referencia alguna sobre el medio ambiente considerando que un Estado responsable del hecho internacionalmente ilícito, está obligado a ponerle fin si dicho hecho continúa, a ofrecer garantías de no repetición y si las circunstancias lo exigen, a reparar el perjuicio ocasionado por ese hecho internacionalmente ilícito (Gros Abad, 2014, pág. 39).

Actualmente, el concepto de responsabilidad internacional de Estados no se encuentra en ningún cuerpo normativo de manera taxativa y universal, la responsabilidad de los Estados ha de surgir, como se ha reiterado, de las obligaciones internacionales sobre las cuales los Estados se comprometen, pero incumplen (mediante tratados suscritos y ratificados, de naturaleza bilateral o multilateral), o de las normas *ius cogens*.

Sin embargo, del proyecto inicial del artículo 19 resalto que en el numeral 3, literal d, se concibe como posible origen de un crimen internacional *"El incumplimiento grave de una obligación internacional de esencial importancia para la salvaguardia y preservación del medio humano, como las que prohíben la contaminación masiva de la atmósfera o de los mares"* (Subrayado propio y fuera del texto original). Por lo cual, desde la Declaración de Estocolmo sobre el medio Ambiente Humano de 1972, todas las disposiciones citadas en el apartado 1.1 de esta investigación y todas las demás aun no citadas, pero que cobijen obligaciones internacionales de Estados sobre salvaguarda y preservación del medio humano, podrían constituir un crimen internacional.

Según el artículo 19 original, además del incumplimiento grave de una obligación internacional que prohíbe la contaminación masiva de la atmósfera y los mares, un crimen internacional que crearía responsabilidad del Estado se daría violando gravemente las obligaciones internacionales de importancia esencial para: a) el mantenimiento de la paz y la seguridad internacionales, b) salvaguardar el derecho a la libre determinación de los pueblos, y c) salvaguardia del ser humano.

A pesar de su renuencia a crear nuevos crímenes internacionales (justificada por la ausencia de mecanismos de aplicación de la ley), la comunidad internacional pronto se dará cuenta que el Ecocidio amenaza tanto los derechos humanos fundamentales, la paz y la seguridad internacional, debiendo ser tratado con la misma gravedad que el apartheid o el genocidio (Gray, 2017, pág. 271).

El peligro y la infracción del ecocidio para la paz y la seguridad internacional de los derechos humanos, se podría decir que cumple además las condiciones del párrafo 3 (a) y (c). De este modo, los tres casos (del numeral 3 literales a, c y d de la norma citada sobre el borrador de responsabilidad estatal), implican el incumplimiento de obligaciones *erga omnes* mediante la violación del *ius cogens* (Gray, 2017, págs. 266, 267).

Por lo tanto, podemos decir que el derecho internacional consuetudinario reconoce al menos como Ecocidio aquellos casos donde se causa *"contaminación masiva de la atmósfera o de los mares"*. Esto podría limitarse actualmente a violaciones de compromisos específicos de tratados (Gray, 2017, pág. 267).

La CIJ en virtud de ello, estaría facultada para adelantar litigios entre Estados si se tratara de acciones u omisiones de alguno de ellos o de ambos, que ocasionara contaminación masiva a la atmósfera o los mares, pues pese a no haberse aprobado norma internacional sobre Responsabilidad Internacional de Estados o cualquier otro Tratado, las conductas activas u omisivas que involucren violaciones graves a obligaciones internacionales sobre la paz y la seguridad internacional o de salvaguarda del ser humano ya se configuran como normas *ius cogens*, siendo esto incluso, el núcleo mismo de los crímenes internacionales que también son normas *ius cogens* pero además, estas últimas *sí* están consagradas en Convenciones, Tratados y Estatutos internacionales.

De otra parte, el derecho internacional consuetudinario reconoce como delito internacional los programas deliberados, sistemáticos o generalizados que amenazan la paz y la seguridad o los derechos humanos, sin excluir como posibilidad los programas ambientales (Gray, 2017, pág. 267).

Lo anterior se colige del numeral 4 del precitado proyecto de artículo 19, que expresamente indica que *"Todo hecho internacionalmente ilícito que <u>no sea un crimen internacional</u>*

de conformidad con el párrafo 2, constituye un delito internacional". (Subrayado propio y fuera del texto original).

Es decir, bajo la interpretación y el progreso del derecho consuetudinario, los actos materiales que causen contaminación masiva a la atmósfera o los mares teóricamente podrían catalogarse como un crimen internacional si su evolución normativa continua y se incorporase en el ER, sin embargo, aun si no se incluyera en el ER, por lo menos dichas actividades podrían ser penalizadas por alcanzar el umbral de delito internacional.

En cualquier caso, con el reconocimiento del Ecocidio como crimen internacional basado en el derecho internacional consuetudinario, incluido el derecho de los derechos humanos, se amplía la gama de actos y omisiones que cumplan las condiciones de Ecocidio (Gray, 2017, pág. 267).

Incluso, la jurisprudencia del Tribunal Supremo Español ha acogido en materia de litigios ambientales la doctrina que identifica el concepto de "intereses difusos" y los define como:

> los que pertenecen idénticamente a una pluralidad de sujetos, en cuanto a integrantes de grupos, clases o categorías de personas, ligadas en virtud de la pretensión de goce (…) de forma tal que la satisfacción de fragmento o porción de interés que atañe a cada individuo se extiende por naturaleza a todos, del mismo modo que la lesión a uno afecta simultánea y globalmente a los integrantes del conjunto comunitario. (Vercher Noguera, 2024, págs. 56, 57).

Al tratarse entonces de un bien jurídico comunitario con base en la doctrina de "intereses difusos", su lesión perjudica a una colectividad (al no tener titular concreto), por lo que su protección penal está ligada a los intereses supraindividuales o colectivos, que requiere la intervención de los poderes públicos para tutelar esos intereses sociales (Vercher Noguera, 2024, pág. 57).

De un lado entonces, tenemos que los graves daños al medio ambiente que provoquen la contaminación masiva a la atmósfera y los mares han sido considerados por el derecho internacional como un crimen internacional, si no de origen normativo por lo menos si consuetudinario, a lo que la doctrina les ha otorgado el nombre de "ecocidio". De otro lado, un delito internacional a lo que la criminología verde ha endilgado el término de "delito ecológico" abarcaría más acciones u omisiones, cuya tipificación dependerá del Estado que lo incorpore y cree en su política criminal.

Es en este escenario donde pueden surgir los graves daños al medio ambiente. En el ámbito material del crimen de Ecocidio, el paradigma económico da contexto a los actos que causan los daños más graves contra el medio ambiente. Los procesos productivos e industriales del sistema neoliberal y las actividades humanas sistemáticamente generan alteraciones y daños a bienes jurídicos que han sido de interés y protección de la comunidad internacional (Arenal Lora, 2021, pág. 14).

En tal sentido, el delito internacional que sancione los graves daños al medio ambiente al menos puede servir como guía u orientación al derecho internacional para que, a futuro, se construya el crimen de Ecocidio como se pretende en esta investigación o, de todas formas, sume a los aportes del derecho consuetudinario para que siga promoviendo la responsabilidad penal internacional por afectaciones graves al medio ambiente.

En esto, los casos de violaciones a los derechos humanos que involucren daños al medio ambiente por conductas concretas realizadas u omitidas por los Estados, también encuadran como posibles actos subyacentes, actos materiales o incluso *mens rea* de un crimen internacional de Ecocidio.

De hecho, desde 1994 en el informe de la Subcomisión de las Naciones Unidas para la Prevención de Discriminaciones y Protección a las Minorías, se articuló el estatus del derecho al medio ambiente en el esquema legal global, donde afirmó que se ha producido una transición "de derecho ambiental al derecho a un medio ambiente sano". Además, concluyó que el derecho ha adquirido estatus consuetudinario y, por lo tanto, debe ser implementado por órganos de derechos humanos. El informe también afirma la viabilidad de los derechos humanos ecológicos (Lytton, 2020, págs. 83, 84).

La cuestión sobre la protección del medio ambiente ha dejado de ser una preocupación abstracta y atribuible a ciertos Estados que permiten infringir en sus territorios algunas leyes ambientales; ahora, el discurso ha transitado como bien se advierte de ser preceptos ambientales sancionables por leyes nacionales, a convertirse en una preocupación de derechos humanos y obligaciones estatales globales.

El medio ambiente sano ahora se concibe como un derecho humano y en razón a ello, genera obligaciones internacionales sobre los Estados.

Al respecto, como se citó, la CorteIDH como uno de esos órganos de derechos humanos reconoce la *"relación innegable entre la protección del medio ambiente y la realización de otros derechos humanos, en tanto la degradación ambiental y los efectos adversos del cambio climático afectan el goce efectivo de los derechos humanos"* (Corte Interamericana de Derechos Humanos, 2017, págs. 21, 22. Párr. 47).

En particular, los derechos humanos promueven la legitimación individual para denunciar daños ambientales cuando la responsabilidad recae en otro Estado. Un examen selectivo de la "Carta Internacional de Derechos", compuesta por la Declaración Universal de Derechos Humanos, el Pacto Internacional de Derechos Civiles y Políticos, y el Pacto Internacional de Derechos Económicos, Sociales y Culturales, junto con las Naciones Unidas Carta y varios instrumentos regionales de derechos humanos, revela que el ecocidio viola el derecho internacional consuetudinario de derechos humanos por varios motivos (Gray, 2017, pág. 254).

En punto a la responsabilidad estatal, la CorteIDH ha concluido que los Estados, sobre las obligaciones de respetar y garantizar los derechos a la vida e integridad de que trata la CADH tienen la obligación de:

a) *"prevenir daños ambientales significativos, dentro o fuera de su territorio"* conforme al **principio de prevención**. En esta obligación se encuentran los deberes específicos de: 1. Regular, 2. Supervisar y fiscalizar, 3. Requerir y aprobar estudios de impacto ambiental, 4. Establecer un plan de contingencia y 5. Mitigar los efectos en casos de ocurrencia de daño ambiental (Corte Interamericana de Derechos Humanos, 2017, págs. 60, 95. Párr. 145 & 242).

b) Actuar bajo el **principio de precaución** *aún en ausencia de certeza científica, a efectos de proteger los derechos a la vida e integridad personal. Esto "implica que los Estados deben actuar diligentemente para prevenir afectaciones a estos derechos"*, cuando haya o no indicadores plausibles que una actividad podría causar daños graves e irreversibles al medio ambiente (Corte Interamericana de Derechos Humanos, 2017, págs. 74, 75, 95. Párr. 180 & 242).

c) Cooperar de buena fe para la protección de daños contra el medio ambiente. A diferencia de las otras obligaciones ambientales, la obligación de cooperación es una obligación entre Estados donde el derecho internacional ha precisado como deberes específicos exigibles para su cumplimiento: 1. El deber de notificación, 2. Deber de consultar y negociar con los Estados potencialmente afectados y 3. Más que un deber, la posibilidad de intercambio de información en materia ambiental (Corte Interamericana de Derechos Humanos, 2017, págs. 76, 77, 95 y 96. Párr. 186 & 242).

d) Garantizar el derecho al acceso a la información, que tenga relación con posibles afectaciones al medio ambiente.

e) Garantizar el derecho a la participación pública de todas las personas bajo su jurisdicción.

f) Garantizar el acceso a la justicia frente a las obligaciones estatales para la protección del medio ambiente (Corte Interamericana de Derechos Humanos, 2017, pág. 96. Párr. 242).

Asimismo, respecto de las obligaciones generales a los Estados que están contenidas en los artículos 1.1 y 2 de la CADH, *"los Estados tienen el deber de evitar las violaciones a derechos humanos producidas por empresas públicas y privadas, por lo que deben adoptar medidas legislativas y de otro carácter para prevenir dichas violaciones, e investigar, castigar y reparar tales violaciones cuando ocurran"* (CASO HABITANTES DE LA OROYA VS. PERÚ, 2023, pág. 45. Párr. 101).

En ese sentido, el Ecocidio es el incumplimiento de una debida diligencia de carácter *erga omnes*. El derecho ambiental internacional establece y expone el deber de cuidado; pero es el derecho internacional de los derechos humanos el que proporciona su fundamento filosófico y jurisprudencial (Gray, 2017, pág. 254).

Es verdad que la jurisprudencia de los Tribunales de derechos humanos proferida en años recientes ha aportado al derecho internacional el sustento necesario para considerar la protección al medio ambiente como norma *ius cogens*. Tanto la evolución jurisprudencial de los Tribunales y Cortes de Ddhh, como el constante debate sobre la codificación de la responsabilidad internacional de Estados realizada por la CDI, han permitido establecer que las normas que sancionan o proscriben daños masivos o graves al medio ambiente son normas imperativas de derecho internacional, pues reflejan y protegen valores fundamentales de la comunidad internacional.

De modo que, teóricamente el Ecocidio puede ser un crimen internacional siempre y cuando el daño al medio ambiente sea de tal magnitud que atente contra los valores de la comunidad internacional, que en el caso concreto sería la existencia misma de la especie humana, los ecosistemas, los sistemas animales, vegetales y culturales que dependen de un medio ambiente sano.

En suma, las principales características del concepto de criminalidad estatal y los elementos del marco existente para imponer responsabilidad penal a los Estados, según el derecho internacional pueden resumirse de la siguiente manera:

> 1. El concepto de Estado penalmente es un principio general emergente del derecho internacional.
> 2. El principio general emergente de la criminalidad estatal también puede describirse como una categoría emergente del derecho internacional consuetudinario.
> 3. Los crímenes y delitos constituyen dos tipos cualitativamente diferentes de hecho internacionalmente ilícito (...). Esto no significa que sea inconcebible un continuo de responsabilidad internacional, sino simplemente que a lo largo de ese continuo la responsabilidad internacional pasa por diferentes etapas, estas etapas se relacionan tanto con la calidad del hecho ilícito (que va desde menor hasta excepcionalmente grave) y con el tipo de actor (ya sea un Estado o un individuo).
> 4. El concepto de responsabilidad estatal por crímenes internacionales es jurídicamente factible y puede analizarse en términos de un modelo de organización criminal o un modelo de crimen corporativo.
> 5. Medidas que corresponden a un castigo pueden aplicarse contra un Estado, y esto a veces ocurre, pero sobre una base pragmática.
> 6. La mejor respuesta a los crímenes estatales que está disponible bajo el sistema legal internacional actual puede ser una combinación de:
> a) Una sentencia declarativa y/o una indemnización punitiva por daños y perjuicios contra el Estado por parte de la CIJ o de un tribunal o comisión internacional. La CIJ también podría desempeñar un papel en la resolución de disputas que surjan de cualquier acción adoptada por los órganos políticos de la ONU. (en la mayoría de los casos que implican la comisión de un delito por parte de un Estado, la condena y la acción colectiva por parte de los órganos de la ONU se producirán inmediatamente y tendrán como objetivo principal detener el acto ilícito y restablecer la situación preexistente, aunque puede en cierta medida

> necesitan una evaluación preliminar de la calidad del hecho ilícito. Sin embargo, si los órganos políticos desean llegar a una determinación concluyente sobre la calidad del hecho ilícito, sin recurrir a la CIJ, deberían establecer un órgano subsidiario que se encargue de ello que supla la función judicial).
> b) Juicios de los líderes individuales del crimen ante un tribunal penal internacional.
> 7. Los posibles marcos alternativos para imponer responsabilidad penal a los Estados en el futuro incluyen:
> a) La ampliación de la jurisdicción de la Corte Penal internacional propuesta para incluir a los Estados, o el establecimiento de una división penal en la CIJ.
> b) La creación de un régimen completo de responsabilidad penal estatal por parte de la CDI en su proyecto de artículos sobre responsabilidad estatal. (La CDI hasta ahora no ha logrado producir un régimen adecuado de responsabilidad penal del Estado. Sin embargo, el trabajo de la CDI es significativo porque reconoce que el concepto de criminalidad del Estado se convertirá en una característica del derecho internacional).
> 8. Además de lo anterior, el desarrollo futuro del concepto de criminalidad estatal podrá darse a través de:
> a) Un enfoque de "derecho consuetudinario" sobre el concepto por parte de jueces de cortes y tribunales nacionales, regionales o internacionales. El concepto contiene elementos que conducen a su desarrollo de esta manera.
> b) Maduración del concepto de obligaciones erga omnes.
> 9. Por analogía con el concepto de obligaciones erga omnes, el emergente principio general de criminalidad estatal puede cristalizar en una primera etapa de desarrollo antes de que se elaboren todas las modalidades para darle sustancia práctica y jurídica (Jorgensen, 2005, págs. 279, 280 y 281).

De 2005, cuando se identificaron las características principales de la responsabilidad de Estados ya mencionadas, a la fecha, el concepto de responsabilidad estatal sí ha logrado tener un desarrollo en el derecho consuetudinario por vía jurisprudencial. Asimismo, el concepto de obligaciones *erga omnes* también ha madurado y la CDI ha consolidado en 2022, una definición y alcance de las normas *ius cogens* que atribuyen obligaciones *erga omnes* para Estados.

La responsabilidad estatal también es concebible dentro de un modelo de organización criminal o un modelo de crimen corporativo, como se analizará en el ítem 3.5.2.2 de este documento.

Ahora bien, sobre los marcos alternativos para imponer responsabilidad penal a Estados que abarcan: i) la ampliación de la jurisdicción de la CPI, ii) la creación de una sala penal en la CIJ o iii) la elaboración de un régimen completo de responsabilidad penal estatal por parte de la CDI; se tiene que la sala de asuntos ambientales ya fue creada en la CIJ, pero como bien se ha estudiado, un litigio ambiental no necesariamente acarrea sanciones penales.

Personalmente insisto en que la mejor alternativa para la responsabilidad penal estatal es la creación de un crimen internacional que considere su imputación y la modificación de la jurisdicción de la CPI.

Si bien es cierto el medio ambiente puede ser lesionado o dañado por los particulares, la propia administración en supuestos en los que no se actúa procedentemente, por acción u omisión, también incurre en aquel (Vercher Noguera, 2024, pág. 94).

Sobre la actual respuesta del sistema jurídico internacional a los crímenes estatales que existe a partir de los juicios de los líderes individuales del crimen, este se entiende conforme lo regula el ER en el artículo 28, tal y como se procede a exponer.

3.5.2.2. Responsabilidad penal del Estado por medio de la responsabilidad de jefes y superiores

El artículo 28 del ER estipula la comisión de los crímenes de competencia de la CPI desde la responsabilidad individual que se presenta en los jefes y superiores jerárquicos:

> **Artículo 28.– Responsabilidad de los jefes y otros superiores**
> Además de otras causales de responsabilidad penal de conformidad con el presente Estatuto por crímenes de la competencia de la Corte:
> a) El jefe militar o el que actúe efectivamente como jefe militar será penalmente responsable por los crímenes de la competencia de la Corte que hubieren sido cometidos por fuerzas bajo su mando y control efectivo, o su autoridad y control efectivo, según sea el caso, en razón de no haber ejercido un control apropiado sobre esas fuerzas cuando:
> i) Hubiere sabido o, en razón de las circunstancias del momento, hubiere debido saber que las fuerzas estaban cometiendo esos crímenes o se proponían cometerlos; y
> ii) No hubiere adoptado todas las medidas necesarias y razonables a su alcance para prevenir o reprimir su comisión o para poner el asunto en conocimiento de las autoridades competentes a los efectos de su investigación y enjuiciamiento.
> b) En lo que respecta a las relaciones entre superior y subordinado distintas de las señaladas en el apartado a), el superior será penalmente responsable por los crímenes de la competencia de la Corte que hubieren sido cometidos por subordinados bajo su autoridad y control efectivo, en razón de no haber ejercido un control apropiado sobre esos subordinados, cuando:
> i) Hubiere tenido conocimiento o deliberadamente hubiere hecho caso omiso de información que indicase claramente que los subordinados estaban cometiendo esos crímenes o se proponían cometerlos;
> ii) Los crímenes guardaren relación con actividades bajo su responsabilidad y control efectivo; y
> iii) No hubiere adoptado todas las medidas necesarias y razonables a su alcance para prevenir o reprimir su comisión o para poner el asunto en conocimiento de las autoridades competentes a los efectos de su investigación y enjuiciamiento.

Este precepto legal considera entonces un modelo de responsabilidad que se encuentra inmerso en un orden jerarquizado, donde la cabeza de este es quien responde por los actos materiales cometidos por sus subordinados. Puede darse en estructuras militares o civiles.

El concepto de responsabilidad superior es "una creación original del derecho penal internacional", para el cual no se halla símil en los ordenamientos jurídicos internos. Según esta figura de responsabilidad del superior, los comandantes o superiores civiles deben responder por los crímenes de los subordinados si estos violan culpablemente los deberes de control que les han sido asignados (Werle & Jessberger, 2014, pág. 221).

La noción de responsabilidad del superior consiste en un elemento de poder (mando y control efectivo) que el superior ejerce sobre sus subordinados en virtud de la relación jerárquica entre ellos, un *mens rea* requerido (conocimiento real o conocimiento constructivo) y una omisión (no prevenir o sancionar), que en realidad genera la responsabilidad penal (Van der Wilt, 2013, pág. 146).

La ampliación de la responsabilidad penal a los superiores corresponde a una necesidad que tiene sus raíces en la estructura organizacional jerárquica que típicamente caracteriza el ambiente en el que ocurren los crímenes en el derecho internacional. Actúa como una red de seguridad cuando no hay pruebas de responsabilidad penal directa por parte del superior, en este caso, la responsabilidad del mando cubre conductas que de otro modo quedarían impunes, especialmente cuando un superior no castiga los crímenes perpetrados por subordinados o no somete el asunto a las autoridades competentes (Werle & Jessberger, 2014, págs. 221, 222).

La jurisprudencia posterior a la Segunda Guerra Mundial, así como la jurisprudencia temprana de los tribunales *ad hoc*, consideraban que la responsabilidad del superior era un modo especial de responsabilidad por omisión. Según el Tribunal de Yugoslavia, la responsabilidad superior constituye un modo subsidiario de responsabilidad *sui generis*. Otra postura sugiere que la responsabilidad del superior no es un modo de responsabilidad sino un crimen especifico de omisión, por lo que responsabiliza al superior no por el crimen cometido por sus subordinados sino sólo por el incumplimiento de sus deberes en virtud de las normas internacionales. Por último, existe otra premisa que sostiene que la naturaleza de la responsabilidad del superior depende de si se culpa al superior por no prevenir el crimen del subordinado o por no castigarlo o denunciarlo después del hecho (Werle & Jessberger, 2014, págs. 222, 223).

Sin embargo, como quedó consignado en la redacción final del ER, en los artículos 25 y 28, la responsabilidad superior ocupa su lugar como modo subsidiario de participación *sui generis*. Así, la responsabilidad penal surge de la omisión de actuar a pesar del deber legal de hacerlo. De ahí que la responsabilidad superior no sea un crimen especifico de omisión. El superior es responsable del crimen cometido por sus subordinados, pero en menor medida de quienes cometen el crimen como autores directos o indirectos. Si la conducta del superior también califica como participación en el crimen del subordinado según el artículo 25 (3) del ER, estos modos de responsabilidad tienen prioridad sobre la doctrina de la responsabilidad del superior (Werle & Jessberger, 2014, págs. 223, 224).

Existen generalmente tres elementos de la responsabilidad de mando:

1. Una relación superior/ subordinado entre la persona acusada de responsabilidad de mando y el autor del crimen.

2. Un cierto conocimiento por parte del superior de que el subordinado estaba a punto de cometer un crimen, o ya lo había cometido.

3. El incumplimiento por parte del superior de tomar medidas razonables para prevenir y castigar el crimen (Sivakumaran, 2013, pág. 128).

La responsabilidad de mando se aplica tanto en conflictos armados internacionales como no internacionales, en fuerzas armadas regulares y organizaciones militares irregulares (Sivakumaran, 2013, pág. 128).

El primer elemento básico para la existencia de la responsabilidad superior es, como se ha enunciado, la relación superior- subordinado. Esta relación, aunque inicialmente fue planteada sólo a los comandantes militares, hoy en día afecta también a los superiores civiles que ejercen un control similar. El elemento central de una relación superior-subordinado es una posición de control efectivo por parte del superior frente al subordinado. Prueba de ese control, determinó la sala de cuestiones preliminares II en el caso Bemba, que es la "responsabilidad material (o poder) de la persona para prevenir y castigar la comisión de crímenes" (Werle & Jessberger, 2014, pág. 225).

En un contexto militar, la capacidad de controlar se denomina mando, mientras que en contextos civiles se describe como autoridad. Por regla general, el control del superior sobre el subordinado se basa en la autoridad legal, pero basta con que el superior ejerza el control de facto (Werle & Jessberger, 2014, pág. 225).

En el caso *Kordič,* la sala de primera instancia sostuvo que los superiores solo pueden incurrir en responsabilidad penal si son claramente parte de una cadena de mando, el mero poder en virtud de la preponderancia psicológica de controlar o castigar a otras personas no es suficiente, pero ese control efectivo que se debe evidenciar puede ser de *iure* o de *facto* (Van der Wilt, 2013, págs. 80, 82).

El ordenamiento jurídico interno de algunos Estados contempla como máximo comandante de las fuerzas armadas al presidente de dicho Estado. De este modo, se concentra en el Ejecutivo las figuras de jefe de Estado y jefe de Gobierno, ubicándolo en la cúspide de una jerárquica que le otorga control *de iure*, por medio del sistema legal que así lo estipula.

El *mens rea* que se reputa de un superior para ser responsabilizado por el crimen de un subordinado, de conformidad con el derecho internacional consuetudinario, es si ese superior "sabía o debería haber sabido" de ello. El Tribunal de Yugoslavia permite una presunción de falta de conocimiento negligente si el superior tenía información de los crímenes cometidos por sus subordinados (Werle & Jessberger, 2014, págs. 228, 229).

El estándar de negligencia se evalúa distinto en los comandantes militares y en los superiores civiles. Para los comandantes militares es suficiente que el superior "debido a las circunstancias del crimen, hubiera sabido" que el subordinado cometería un crimen. Por lo tanto, es determinante establecer si el superior, en el ejercicio de sus funciones, habría tenido conocimiento de la comisión del crimen por parte de su subordinado (Werle & Jessberger, 2014, pág. 229).

Para los superiores civiles, la falta de conocimiento culpable es insuficiente y en cambio, se requiere que el superior "ignore conscientemente la información que indica claramente que los subordinados estaban cometiendo o estaban a punto de cometer un crimen", lo que exige un mayor grado de negligencia (Werle & Jessberger, 2014, pág. 229).

Si un subordinado comete un crimen que requiere una intención específica (por ejemplo, el genocidio), el superior no tiene que compartir esa intención (Werle & Jessberger, 2014, págs. 229, 230).

La justicia penal internacional difiere de los sistemas nacionales en relación con la naturaleza de la violencia que aborda. Los sistemas domésticos suelen preocuparse por la "violencia interpersonal" mientras que los crímenes internacionales tienen una dimensión colectiva. Estos crímenes difícilmente pueden ser cometidos por un solo autor. La criminología lo denomina "macro criminalidad" (Sthan, 2019, pág. 127).

En la macro criminalidad los crímenes suelen cometerse a través de redes formales o informales que ejercen presión sobre sus miembros. Algunas personas organizan y planifican la operación criminal, otros pueden tener liderazgo y mando general, o servir como autores intelectuales. Otros pueden simplemente facilitar la comisión del crimen (Sthan, 2019, pág. 127).

En el genocidio de Ruanda, la evidencia forense demostró que los Hutus y los Tutsi no eran étnica o racialmente distintos, sus respectivas designaciones habían sido diseñadas por sus colonizadores belgas y éstas habían madurado posteriormente hasta convertirse en distinciones de clase o estatus social (Bantekas, 2013, pág. 181).

El crimen de genocidio, como se ha visto, tiene un *mens rea* de dolo o intención especial que exige al perpetrador tener la intención de destruir total o parcialmente al grupo nacional, étnico, racial o religioso; esto, aunque a primera vista partiría de examinar esa intención especial de victimario, en todos los casos un genocidio solo es el reflejo de profundos problemas sociales que se exacerban en el trasegar histórico hasta materializarse. El crimen da cuenta de complejos sistemas criminales en los que el perpetrador solo es una pieza más.

En su estudio sobre *Eichmann en Jerusalén,* Hannah Arendt llegó a la conclusión de que algunos de los crímenes más atroces del holocausto no fueron cometidos por psicópatas, sino por personas comunes y corrientes en el cumplimiento de sus supuestos deberes (Sthan, 2019, pág. 127).

La discusión resulta ser de trascendencia ya que la comunidad internacional admite que los crímenes internacionales tienen un trasfondo que sobrepasa la intencionalidad individual del perpetrador. Si para el crimen de genocidio que consagra un *mens rea* de intención especial se han expuesto complejos sistemas criminales que promueven y ejecutan el crimen, también podría serlo el develar un estructurado aparato que ocasionase daños graves contra la comunidad internacional y el medio ambiente, así la intención primigenia no fuera criminal o ni siquiera ilícita.

El derecho consuetudinario además ha establecido que un Estado tiene en todo momento el deber de proteger a otros Estados contra actos lesivos cometidos por individuos dentro de su jurisdicción. La CIJ aplicó este principio en el caso de Canal del Corfú donde confirmó "la obligación de todo Estado de no permitir que, conscientemente, su territorio sea utilizado para actos contrarios a los derechos de los Estados" (Gray, 2017, pág. 238).

Por consiguiente, el deber de evitar crímenes en su territorio es del Estado donde se cometa, también será deber y responsabilidad del Estado si lo comete un individuo en su jurisdicción, pero afecta a otro Estado o por fallar en la obligación de vigilar y controlar las actividades de sus propios funcionarios o de particulares.

Finalmente, el tercer elemento de la responsabilidad del mando es que el superior no haya tomado medidas necesarias y razonables para prevenir el crimen y castigar a los autores de este. Esto es una cuestión más de evidencia que de derecho sustantivo (Sivakumaran, 2013, pág. 129).

Por lo tanto, otra forma de llegar a la responsabilidad de Estados es a través de la responsabilidad de los superiores militares o civiles, siendo más sencillo demostrar en la mayoría de las ocasiones la responsabilidad del superior militar por el control de *facto o de iure* que este tenga dentro de una estructura organizada y que, por demás, es justo la que lo ha ubicado en su interior como un superior al mando.

Por los crímenes cometidos por particulares también responde el Estado si se cometen en su jurisdicción, faltando a sus deberes de control, vigilancia o sanción sobre los primeros responsables de tales actos.

El ER como se insiste, no desconoce la responsabilidad penal internacional que pueda atribuírsele a los Estados en virtud de la comisión de crímenes internacionales, antes bien, de confluir en un solo Tribunal la facultad de perseguir y condenar Estados, personas jurídicas y naturales como perpetradores de crímenes internacionales se lograría seguridad jurídica, reducir la impunidad y probatoriamente los casos resultarían ser más sólidos.

3.5.3. Responsabilidad Penal a Personas jurídicas

Una serie de convenciones obligan a los Estados parte a prever la responsabilidad legal de las entidades corporativas con respecto a la comisión de crímenes que estuvieran establecidos en esa convención y fueran realizados por una persona responsable de la gestión o control de la entidad, una responsabilidad que puede no ser necesariamente criminal (O'Keefe, 2017, pág. 350).

La estructura clásica del derecho penal donde la responsabilidad se atribuye única y exclusivamente a las personas naturales se ha ido reconfigurando y actualizando a las nuevas dinámicas sociales. Algunos sistemas jurídicos actuales, contemplan la responsabilidad penal a personas jurídicas. La CPI por su parte, no abarca este modo de responsabilidad penal.

Sin embargo, en la responsabilidad penal a jefes y superiores se determina como factor clave para la responsabilidad penal individual, la falta de adopción de *"medidas necesarias y razonables"* que violen el deber de actuar de ese superior y, por ende, se constituya la responsabilidad penal (Werle & Jessberger, 2014, págs. 229, 230)

El deber de actuar del superior crea una base para la responsabilidad por omisión de dos maneras. La primera, cuando no se ha cometido el crimen, deberá tomar medidas para impedir su comisión. La segunda, cuando un subordinado ya ha cometido el crimen, pero el superior no puede ser acusado de negligencia, de todas formas, está obligado a castigar él mismo a los responsables o a informar el asunto a las autoridades responsables (Werle & Jessberger, 2014, pág. 230).

Este escenario refiere la existencia de un marco normativo de deberes y obligaciones tanto a Estados como a personas naturales, que son infringidos y ocasionan la configuración de crímenes internacionales.

Desde la Declaración de Estocolmo de 1972, se establece una diligencia debida como obligación de los Estados de impedir que las actividades en su jurisdicción o control causen daño ambiental a otros Estados o a los bienes comunes globales. La responsabilidad no surge del daño en sí sino de la falta de ejercicio de la debida diligencia (Gray, 2017, pág. 242).

La Resolución de 10 de marzo de 2021 de la UE, define la debida diligencia así:

> la diligencia debida debe entenderse como la obligación de un compromiso de adoptar todas las medidas proporcionadas y acordes y de esforzarse dentro de sus posibilidades para evitar que se produzcan impactos adversos en los derechos humanos, el medio ambiente o la buena gobernanza en sus cadenas de valor, y de abordar tales impactos cuando se produzcan. En la práctica, la diligencia debida consiste en un proceso puesto en marcha por una empresa para identificar, evaluar, prevenir, mitigar, detener, supervisar, comunicar, contabilizar, abordar y remediar los efectos adversos potenciales o reales sobre los derechos humanos, incluidos los derechos sociales, sindicales y laborales, el medio ambiente, incluida la contribución al cambio climático, y la buena gobernanza, en sus propias actividades y demás relaciones comerciales en la cadena de valor. Las empresas cubiertas por la presente Directiva no deben transferir las obligaciones de diligencia debida a los proveedores. (Parlamento Europeo, 2021. Párr. 20 del Anexo I.). (Subrayado propio y fuera del texto original).

En ese marco de obligaciones y medidas proporcionadas, refiere el texto precitado, es donde la debida diligencia pretende evitar que se produzcan impactos adversos en los derechos humanos, el medio ambiente o la buena gobernanza.

La CorteIDH determinó qué, en el entendido de la CADH los Estados tienen el "*deber evitar las violaciones a derechos humanos producidas por empresas públicas y privadas por lo que deben adoptar medidas legislativas y de otro carácter para prevenir dichas violaciones, e investigar, castigar y reparar tales violaciones cuando ocurran (…)*" (CASO HABITANTES DE

LA OROYA VS. PERÚ, 2023, Pág. 45. Párr. 111). Lo que refleja la exigencia de una debida diligencia en términos similares para el sistema americano de derechos humanos, de lo que preceptúa la UE. Uno en la jurisdicción de los DDHH y otro, en la cooperación económica europea.

La conexión entre el desarrollo de los DDHH, su protección y la debida diligencia, que resultan ser deberes de los Estados, cimentan la Responsabilidad penal Estatal de manera directa en caso de que en la ocurrencia de algún crimen internacional se advirtiera la violación de DDHH en ausencia de la aplicación de la debida diligencia.

Lo anterior es una de las razones para concluir que el derecho consuetudinario ha permitido la viabilidad para que el ER pueda ser modificado y se incluya la responsabilidad penal internacional de Estados. También, la posibilidad de crear un crimen internacional cuya lesividad sea tan grave que perturbe multiplicidad de derechos humanos, así como valores y principios objeto de protección por la comunidad internacional.

El crimen de Ecocidio podría entenderse como se entienden los delitos contra el medio ambiente. En España, por ejemplo, el delito contra el medio ambiente en alguna etapa de su desarrollo jurisprudencial ha sido tratado como un delito de peligro concreto, lo que significa que "*las conductas solamente serán lesivas en la medida que puedan perjudicar gravemente el equilibrio de los sistemas naturales*" (Vercher Noguera, 2003, pág. 243).

De ahí que el daño al medio ambiente sobrepase los limites normales de un riesgo que se presenta en el trascurrir normal de la evolución social, es decir, la sociedad del riesgo repercute en los daños ambientales como consecuencia del avance del denominado desarrollo tecnológico (Morelle Hungría, 2020, pág. 6), pero realmente un daño grave al medio ambiente que debe configurar el crimen internacional de Ecocidio excede el riesgo permitido que se podría presentar en una producción industrial aceptable para la vida en sociedad y el ejercicio de otros derechos.

En ese sentido, el riesgo disminuye en la medida que se acogiesen las medidas necesarias para evitar un daño ambiental o mitigar su impacto si ya se ha materializado, lo que se busca obtener con la debida diligencia. De manera que el riesgo entonces no sea abstracto sino concreto y se pueda prever cada vez más en la medida que la ciencia aporte la información necesaria para expedir políticas administrativas, públicas, jurídicas o las que hubiera lugar, ponderando el desarrollo económico de una sociedad sin que haya un detrimento exacerbado y desproporcional del medio ambiente natural.

Verbigracia, el artículo 334 del Código Penal Español, para su correcta operatividad, analiza que el delito de "**Experimentación ilegal con especies, agentes biológicos o bioquímicos**" además de las exigencias formales del tipo penal, *"dependerá de la potencialidad lesiva de la conducta"*, es decir, que ostente la capacidad de lesionar el bien jurídico protegido sin que la peligrosidad general derivada del hecho específico, quede excluida por las circunstancias concurrentes (Matallín Evangelio, 2013, pág. 110).

De modo qué, si en un supuesto específico, se vislumbrara un peligro con probabilidad efectiva de daño a la biodiversidad dadas las características de amenaza sobre la especie, el peligro cambiaría de ser abstracto a configurarse como delito de peligro concreto (Matallín Evangelio, 2013, pág. 111).

La recientemente aprobada Directiva de la UE de diligencia debida de las empresas en materia de sostenibilidad, indica claramente que *"Los Estados miembros velarán por que las empresas actúen, en materia de derechos humanos y medio ambiente, con diligencia debida basada en el riesgo (…)"* (Parlamento Europeo, 2024, Art 5) (subrayado propio y fuera del texto original).

Las empresas y la administración pueden ser responsables de delitos contra el medio ambiente (Vercher Noguera, 2003, pág. 237). Para el DPI evidentemente, también las personas naturales lo serían sobre un eventual crimen de

Ecocidio, siempre que se produzca un efecto adverso en los ecosistemas que lesionen o pongan el riesgo concreto e inminente la vida humana, animal y vegetal que depende de dicho ecosistema.

La gravedad de un efecto adverso lo define la Directiva de la UE ya mencionada, así:

> «gravedad de un efecto adverso»: la magnitud, el alcance o el carácter irreparable del efecto adverso, teniendo en cuenta la importancia de este, en particular el número de personas que se vean o puedan verse afectadas, el grado en que el medio ambiente se vea o pueda verse dañado o afectado de otro modo, la irreversibilidad del efecto y los límites de la capacidad para devolver a las personas afectadas o al medio ambiente a una situación equivalente a la que tenían antes de que se produjese el efecto dentro de un plazo razonable. (Parlamento Europeo, 2024. Art. 3, Numeral 1 Literal V).

El efecto adverso y su gravedad entonces analiza i) la magnitud, el alcance o el carácter irreparable, ii) el número de personas afectadas o potencialmente afectadas, iii) el grado de afectación del medio ambiente ya efectuado el daño, o el potencial daño que se ocasionaría, iv) la irreversibilidad del efecto y, v) la capacidad de devolver a las personas afectadas o al medio ambiente a la situación equivalente a la que tenían antes de producido el efecto adverso en un plazo razonable.

Tales efectos adversos son de carácter real o potencial y puede recaer sobre derechos humanos o en el medio ambiente, según la Resolución de 10 de marzo de 2021 de la UE.

La disposición jurídica que aplica en principio a los Estados miembros de la UE pero que, para este ejercicio investigativo y académico complementan teóricamente la viabilidad de la creación del Ecocidio conforme el derecho internacional, el cual se enriquece con la producción jurídica del Parlamento Europeo, define a su vez el efecto adverso potencial o real en los derechos humanos como *"todo aquel que pueda afectar al pleno ejercicio de los derechos humanos por parte de personas o grupos de personas en relación con los derechos humanos"* (Parlamento Europeo, 2021. Art 3 Numeral 6).

Por otra parte, *"toda vulneración de las normas medioambientales internacionalmente reconocidas y de la Unión"* serán considerados efectos adversos potenciales o reales en el medio ambiente (Parlamento Europeo, 2021. Art 3 numeral 7).

Dichos lineamientos del sistema europeo que concuerdan con el derecho internacional también reúnen las mismas obligaciones que el sistema americano de derechos humanos ha establecido para identificar la responsabilidad de las empresas en violaciones a DDHH.

La responsabilidad de las empresas de respetar los derechos humanos, tienen cuatro fundamentos que se pueden sintetizar del siguiente modo:

1. Respetar los derechos humanos significa abstenerse de infringir los de terceros y asumir las consecuencias negativas en las que tuviere alguna participación.

2. Respetar los derechos humanos internacionalmente reconocidos.

3. Evitar que sus actividades provoquen o contribuyan a provocar consecuencias negativas sobre los derechos humanos de terceras personas y se tomen medidas sobre las consecuencias negativas que se produzcan.

4. Prevenir o mitigar las consecuencias negativas sobre los derechos humanos que tuvieren relación directa con sus operaciones, productos, o servicios comerciales aun cuando no hayan contribuido a generarlos (CASO HABITANTES DE LA OROYA VS. PERÚ, 2023, págs. 43, 44. Párr. 110).

En el mismo fallo, la CorteIDH manifestó que para que las empresas puedan cumplir con la responsabilidad de respetar los derechos humanos, deben contar con políticas y procedimientos apropiados en razón a su tamaño y circunstancias, entre ellas: a) un compromiso político de asumir su responsabilidad, b) un proceso de diligencia debida en materia de DDHH sobre cómo abordar el posible impacto a ellos, c) unos procesos que permitan reparar todas las consecuencias negativas sobre los derechos humanos en los que tuviere injerencia o participación directa (CASO HABITANTES DE LA OROYA VS. PERÚ, 2023, pág. 44. Párr. 110).

En consecuencia, la responsabilidad internacional sobre empresas recae en la debida diligencia que les obliga a llevar a cabo sus actividades industriales, comerciales y de servicios respetando los derechos humanos. En derecho penal internacional, una persona jurídica bien podría ser responsable penalmente por la comisión de crímenes internacionales en el ejercicio ilícito de sus actividades o aun siendo lícitas, por infringir la debida diligencia.

La comprensión de la responsabilidad penal a personas jurídicas puede trasladarse desde los ordenamientos nacionales al escenario internacional en el sentido de entender de que si es posible que algunos sistemas jurídicos internos han elaborado, desarrollado y aplicado la responsabilidad penal a personas jurídicas, internacionalmente los operadores de justicia también podrían adecuar, modificar y aplicar las disposiciones internacionales para que se logre el mismo resultado, incluso a partir de un único instrumento base en materia de DPI que es el ER.

Las personas jurídicas aunque estén compuestas por personas naturales que ocupan cargos de jerarquía y ejercen deberes funcionales de control y vigilancia sobre sus subordinados, sólo constituyen un modo de dos posibles formas de cometer un crimen internacional para atribuir responsabilidad penal a personas jurídicas, el otro es cuando la persona jurídica incorpora como campaña, modelo comercial o proyecto productivo, actividades organizacionales que no cumplen con la obligación de respetar los derechos humanos.

En materia medio ambiental, las empresas cada vez más están siendo sometidas a lineamientos que demandan de ellas responsabilidad corporativa para evitar daños a ecosistemas y de esa manera, el desarrollo corporativo no vaya en detrimento del ejercicio pleno de los derechos humanos. Asimismo, en el evento en que se configure un daño al medio ambiente en el desarrollo de un proyecto corporativo, la persona jurídica debe iniciar la ejecución de los compromisos presentados como debida diligencia y cumplirlo a cabalidad con el fin de mitigar las consecuencias derivadas de efectos adversos presentados, e intentar restaurar las circunstancias a lo más parecido posible de como estaban antes del efecto adverso.

De suerte que la responsabilidad penal a personas jurídicas como la responsabilidad penal a Estados, se puede dar directamente o mediante la comisión inicial de una persona natural. En personas jurídicas por violaciones a los derechos humanos en ejercicio de una actividad corporativa lícita o ilícita, y en virtud del incumplimiento de la debida diligencia. En Estados, por vulneración de sus obligaciones internacionales de promover, respetar y garantizar los DDHH.

Si el crimen internacional que lesiona o puso en riesgo concreto el medio ambiente lo realiza una persona natural, su autoría o participación se adecúa, dependiendo el caso, a las figuras que contempla el ER y que ya fueron analizadas. En cualquier caso, la perpetración de un crimen internacional ya sea cometido por personas jurídicas o naturales no excluye la responsabilidad del Estado o los Estados en donde se cometieron.

3.6. PROPUESTA FINAL

A lo largo de esta investigación se ha insistido en que los instrumentos jurídicos actuales no logran alcanzar la contundencia sancionatoria contra los grandes perpetradores de daños graves al medio ambiente, pese a que los sistemas regionales de derechos humanos y el derecho internacional han comenzado a emitir fallos contra Estados por vulneraciones al medio ambiente, al incumplir obligaciones internacionales a las que se encuentran sometidos.

Se reconoce que el derecho penal es la única rama del derecho con la suficiente fuerza represiva para alcanzar desaprobación y represión universal de los problemas medio ambientales a escala mundial, así como la anticipación para tomar medidas antes de que el riesgo ocurra. Un punto de partida puede ser una Convención Internacional que aglutinaría en un solo instrumento la disparidad de normas sobre la materia, a la vez que reúne mecanismos preventivos (Sanz Mulas, 2022, pág. 32).

No obstante, dado lo apremiante de las visibles consecuencias ocasionadas por los daños ambientales que bien pudieron haberse prevenido y no se hicieron en su momento, así como lo dispendioso que resultaría insistir en una Convención Internacional que para su exigibilidad requiere la ratificación de varios países, a juicio personal reitero la imperiosa necesidad de actuar como comunidad internacional bajo el amparo del derecho penal internacional y promulgar sin más demora el Ecocidio como crimen internacional, modificando el ER en varios articulados a saber.

Algunos actos u omisiones son etiquetados como crímenes dependiendo de los valores de una determinada sociedad. En la ley Anglo- americana, los elementos incluyen un acto u omisión (el *actus reus*) que constituye una violación de la ley prescrita para la cual se proporciona un castigo y la intención o negligencia criminal (*mens rea*), que es el equivalente penal de la culpa y la expresión del aspecto moral del crimen. Cada vez hay un número mayor de delitos legales de responsabilidad estricta o absoluta que no requieren *mens rea.* Asimismo, la culpa de un funcionario o empleado puede atribuirse a su compañía (Gray, 2017, pág. 259).

Es por ello por lo que algunas de las definiciones que han intentado dar forma al crimen de Ecocidio, aunque resultan ser valiosas para el derecho consuetudinario y una posible positivización de este nuevo crimen, no abarcan por completo lo que en mi opinión sería un concepto más completo del Ecocidio como crimen internacional a incluir en el ER.

Por tal motivo, en este acápite de la investigación expongo la definición del crimen Ecocidio que he construido a partir de todas las demás posibles definiciones que se han dado. Posteriormente, emplearé modelos del comportamiento criminal que en derecho penal internacional se usa para identificar los elementos materiales y mentales de los crímenes para evidenciar al lector que la definición final del crimen de Ecocidio se ajusta a los parámetros de derecho penal internacional.

3.6.1. Definición final de Ecocidio

La definición final del ecocidio que se propone como crimen internacional a incluir en el ER, partiendo de la establecida por el Panel de expertos independientes, la de autores como Neyret, Higgins, Gray, los borradores de la Convención del Ecocidio y las Directivas sobre debida diligencia es la siguiente:

> **Artículo 8 ter. Crimen de Ecocidio**
> 2. A los efectos del presente Estatuto, se comete "crimen de Ecocidio" cuando se presenten actos ilícitos o injustificados que produzcan daños graves, generalizados, sistemáticos o de largo plazo al medio ambiente, con conocimiento de que existe una probabilidad sustancial de que ocasione un efecto adverso potencial o real sobre el medio ambiente o se asuma el riesgo que

se produzca, aun teniendo otras alternativas para evitar su ocurrencia.
Siendo causados por actos como,
3. i. El vertido, la emisión o la introducción en el aire, el suelo o las aguas de una cantidad de materiales o radiaciones ionizantes;
ii. La recogida, el transporte, la valoración o la eliminación de residuos, la reparación de instalaciones de eliminación, las operaciones efectuadas por los comerciantes o por todos quienes intervienen en la actividad de gestión de residuos;
iii. La explotación de instalaciones en las que se realice alguna actividad peligrosa, o en las que se almacenen o utilicen sustancias o preparados peligrosos.
iv. La producción, la transformación, el tratamiento, la utilización, la posesión, el almacenamiento, el transporte, la importación, la exportación y la eliminación de materiales nucleares u otras sustancias radiactivas peligrosas;
v. La matanza, destrucción, la posesión o la apropiación de especies protegidas o no, de fauna o flora silvestres;
vi. El comercio ilegal y desmedido de ejemplares de especies protegidas de fauna y flora silvestres que ponga en riesgo el estado de conservación de su especie.
vi. Cualquier conducta que cause el deterioro significativo de un hábitat dentro de un área protegida.
vii. La producción, la importación, la exportación, la comercialización o la utilización de sustancias destructoras del ozono.
viii. Todos los demás que produzcan un efecto adverso al medio ambiente natural y al pleno ejercicio de los derechos humanos, que implique un daño grave o un alto riesgo para la supervivencia humana, animal, vegetal y de los ecosistemas, para generaciones actuales y futuras.
4. A efectos de los apartados 1 y 2:
a. "Desenfrenado" significa con temerario desprecio por un daño que sería claramente excesivo en relación con los beneficios sociales y económicos previstos;
b. "severo" significa daño que implica cambios adversos, perturbaciones o daños muy graves a cualquier elemento del medio ambiente, incluidos los impactos graves sobre la vida humana o natural, recursos culturales o económicos.

c. "Generalizado" significa daño que se extiende más allá de un área geográfica limitada, cruce de fronteras estatales, o lo sufre todo un ecosistema o especie o un gran número de seres humanos;
d. "A largo plazo" significa daño que es irreversible o que no puede repararse mediante recuperación natural dentro de un periodo de tiempo razonable;
e. "Medio ambiente" significa la tierra, biósfera, criosfera, litosfera, hidrosfera y atmósfera, así como el espacio exterior.
f. "Sistemático" se entiende como un plan organizado, una campaña o una serie continuada de actos en fomento de una política común donde se identifican patrones criminales.
g. "efecto adverso potencial o real sobre el medio ambiente y los derechos humanos" significa toda vulneración de las normas medioambientales internacionalmente reconocidas o que pueda afectar al pleno ejercicio de los derechos humanos por parte de personas o grupos de personas en relación con los derechos humanos y los ecosistemas.

A partir de esta definición y como ejercicio académico, emplearé un esquema de comportamiento criminal internacional para seleccionar los criterios del crimen del Ecocidio y ubicarlos en dicho esquema explicativo.

Ilustración 5. Comportamiento criminal en derecho penal internacional

Elemento contextual	Acto subyacente	Modo de participación
Elementos materiales (*actus reus*)	Elementos materiales (*actus reus*)	Elementos materiales (*actus reus*)
Elementos subjetivos (*mens rea*)	Elementos subjetivos (*mens rea*)	Elementos subjetivos (*mens rea*)

Fuente: (Case Matrix Network, 2017, pág. 10).

Tabla 2. Construcción esquemática del Ecocidio

Elemento Contextual	Acto subyacente	Modo de Participación
Elementos materiales *(actus reus)* Actos ilícitos o injustificados que produzcan daños graves, generalizados, sistemáticos o de largo plazo al medio ambiente.	**Elementos materiales *(actus reus)*** a) El vertido, la emisión o la introducción en el aire, el suelo o las aguas de una cantidad de materiales o radiaciones ionizantes b) La recogida, el transporte, la valoración o la eliminación de residuos, la reparación de instalaciones de eliminación, las operaciones efectuadas por los comerciantes o por todos quienes intervienen en la actividad de gestión de residuos c) La explotación de instalaciones en las que se realice alguna actividad peligrosa, o en las que se almacenen o utilicen sustancias o preparados peligrosos d) La producción, la transformación, el tratamiento, la utilización, la posesión, el almacenamiento, el transporte, la importación, la exportación y la eliminación de materiales nucleares u otras sustancias radiactivas peligrosas; e) La matanza, destrucción, la posesión o la apropiación de especies protegidas o no, de fauna o flora silvestres; f) El comercio ilegal y desmedido de ejemplares de especies protegidas de fauna y flora silvestres que ponga en riesgo el estado de conservación de su especie. g) Cualquier conducta que cause el deterioro significativo de un hábitat dentro de un área protegida. h) La producción, la importación, la exportación, la comercialización o la utilización de sustancias destructoras del ozono. i) Todos los demás que produzcan un efecto adverso al medio ambiente natural y al pleno ejercicio de los derechos humanos, que implique un daño grave o un alto riesgo para la supervivencia humana, animal, vegetal y de los ecosistemas, para generaciones actuales y futuras.	**Elementos materiales *(actus reus)*** **Artículo 25 ER.– Responsabilidad penal individual.** – quien cometa ese crimen por sí solo, con otro o por conducto de otro, sea éste o no penalmente responsable. – ordene, proponga o induzca la comisión de ese crimen, ya sea consumado o en grado de tentativa. – con el propósito de facilitar la comisión de ese crimen, sea cómplice o encubridor o colabore de algún modo en la comisión o la tentativa de comisión del crimen, incluso suministrando los medios para su comisión. – contribuya de algún modo en la comisión del crimen por un grupo de personas que tengan una finalidad común. **Artículo 28 ER.– Responsabilidad de los jefes y otros superiores.** Modificaciones al ER para incluir – **Responsabilidad penal de Estados.** Por violación de normas *ius cogens* o incumplimiento de Convenciones y Tratados internacionales. – **Responsabilidad penal a Personas jurídicas.** Por incumplimiento a la debida diligencia y normas *ius cogens*

Elemento Contextual	Acto subyacente	Modo de Participación
Elementos subjetivos ***(mens rea)*** - Desenfrenado - severo - generalizado - A largo plazo - sistemático - efecto adverso potencial o real al medio ambiente y los derechos humanos.	**Elementos subjetivos** ***(mens rea)*** con conocimiento de que existe una probabilidad sustancial de que ocasione un efecto adverso potencial o real sobre el medio ambiente o se asuma el riesgo que se produzca aun teniendo otras alternativas para evitar su ocurrencia.	**Elementos subjetivos** ***(mens rea)*** **Artículo 30** Modificación al ER para incluir conocimiento y culpa o negligencia grave para el crimen de ecocidio. Esto figurará en el art 8Ter.

Fuente: Elaboración propia.

La anterior adecuación de los elementos materiales y mentales de la propuesta final del concepto del crimen de Ecocidio con un esquema común de comportamiento criminal que algunos doctrinantes de derecho internacional usan para examinar posibles crímenes internacionales, nos permite concluir que la definición del crimen de Ecocidio expuesta en esta investigación cumple con la estructura propia de los crímenes internacionales.

Por lo tanto, tal y como se ha analizado en los capítulos de este documento, teóricamente el crimen de Ecocidio es posible incluirlo en el ER si se realizaran modificaciones a varios artículos del instrumento internacional para no solo establecerlo como crimen internacional sino introducir otras formas de responsabilidad penal como la responsabilidad penal a Estados y a personas jurídicas.

Estas formas de responsabilidad penal ya están siendo aplicadas por los ordenamientos jurídicos nacionales, en el caso de la responsabilidad penal a personas jurídicas. La responsabilidad penal a Estados por graves daños al medio ambiente ha encontrado sustento en las violaciones a los DDHH y las normas *ius cogens,* lo que faculta a Tribunales y Cortes internacionales a emitir fallos contra Estados en la materia. Sin embargo, recientemente se ha señalado que los efectos adversos sobre el medio ambiente que sean provocados por empresas, además de incluir la responsabilidad penal de ésta como es apenas obvio, también involucra la responsabilidad penal de Estados donde se hayan cometido dichos daños o efectos adversos.

Los principales ataques al medio ambiente provienen de conductas que se desarrollan en escenarios de paz, en su mayoría derivadas de actividades empresariales y que refuerzan la necesidad de desvincular el Ecocidio de los conflictos armados (Fernández-Hernández, 2024, pág. 11).

El Ecocidio entonces es un crimen de riesgo concreto que se configura con el solo conocimiento en grado de culpa grave o negligencia dentro de un escenario de debida diligencia que se omite o que se realiza a pesar de conocer los potenciales efectos adversos que podrían generarse en el medio ambiente natural, las alternativas disponibles para realizar otras actividades, pero, aun así, hacer las potencialmente dañinas siendo consciente de la alta probabilidad de ocurrencia en el curso normal de los acontecimientos.

Se concluye que, si el menor estándar de la comisión del crimen de Ecocidio inicia a partir del conocimiento del perpetrador y la culpa grave o negligencia, en casos de responsabilidad de superiores, también es aplicable el crimen en modalidad de dolo eventual, tal y como quedó incluido en la propuesta final y se abordó en el ítem 3.4.

Lo anterior, como *mens rea* del crimen de Ecocidio cuya exteriorización se evidencia en los actos materiales realizados por el perpetrador, que en términos del Ecocidio son las evidencias de los efectos adversos en el medio ambiente.

Los actos subyacentes (como la materialización en hechos concretos que exterioriza el *mens rea* del autor), han venido siendo reconocidos en borradores de Convenciones, delitos internacionales, jurisprudencia y otros instrumentos de DPI, así como principios generales y hasta Directivas de órganos internacionales como las emitidas por la Unión Europea. En ellos se han agrupado una serie de conductas que cada vez más se consolidan como actos subyacentes por los cuales se ocasionarían daños graves al medio ambiente.

Actualmente, de ese trabajo previo de los instrumentos internacionales y los finalmente proferidos por algunos órganos, se cuenta con unos actos subyacentes que se repiten o complementan en varias disposiciones jurídicas, pero que sólo en la definición final de Ecocidio propuesta en esta investigación, se encuentran contenidos en un único instrumento qué, de incorporarse en el ER, brindaría a la comunidad internacional seguridad jurídica.

En los posibles autores del crimen de Ecocidio están: el autor material o directo, el cómplice o encubridor, el instigador, el colaborador, el que ordene, proponga o induzca, el facilitador y las que fueron analizadas en los ítems 3.5.1.1, 3.5.1.2, 3.5.1.3 y 3.5.1.4.

Puede darse también en modalidad de coautoría, tanto en la forma del *mens rea* ya explicada que estaría contenida en la definición del crimen de Ecocidio, como en las que se pueden dar bajo el artículo 30 del ER, que para el crimen de Ecocidio se ubican en estado mental del conocimiento sobre el resultado y las circunstancias y en grado de negligencia grave (dolo eventual) como se indicó.

Ambas modalidades llegan al mismo camino de considerar que el *mens rea*, ya sea interpretado de lo que sería el crimen de Ecocidio en el artículo 8 Ter del ER o el artículo 30 de la Intencionalidad del ER, incluye el estadio del dolo eventual o la negligencia grave. Dolo eventual en lenguaje penalista y negligencia grave en términos del derecho consuetudinario. Recordando que el derecho consuetudinario no emplea el término de dolo eventual en sus fallos.

En consecuencia, la coautoría puede darse también como la refiere el artículo 25 del ER o como Empresa criminal conjunta JCE. En caso de modificarse el ER, se daría además en esquemas corporativos y estatales, y se lograría la responsabilidad directa de las personas jurídicas y los Estados.

La responsabilidad de superiores civiles y militares procedería para el crimen de Ecocidio conforme a los términos por los cuales actualmente se concibe la figura en el ER en el artículo 28 pero, teniendo en cuenta que los máximos responsables de la degradación ambiental son las empresas y, como se estudió, de las acciones de estas en asuntos ambientales responden también los Estados, el ER para ser efectivo por lo menos en el crimen de Ecocidio, debe incluir la responsabilidad penal a personas jurídicas y a Estados.

Si bien es cierto el ER reconoce que por la comisión de un crimen internacional puede proceder la responsabilidad internacional e incluso puede operar de manera simultánea, el ER puede modificarse para adaptarse a las nuevas formas de responsabilidad penal para incorporar la responsabilidad penal internacional de personas jurídicas y Estados. Haciendo esto se combatiría la impunidad y se evitará el desgaste judicial de dos órganos que emitan sentencias similares o contrapuestas pero basadas en los mismos hechos.

De existir entonces el crimen de Ecocidio se podrían presentar escenarios de reducción de la impunidad, celeridad de las investigaciones y condenas con las garantías propias del debido proceso y seguridad jurídica.

En similar sentido, se contaría con un crimen que no concibe su origen únicamente en la intencionalidad del perpetrador sino también en el conocimiento que se tenga sobre el resultado o las circunstancias que se causen, que surja de una acción colectiva en un sistema donde se ejecuta y no exclusivamente de la conducta personalísima de una persona física y finalmente, se contaría con un crimen que persiga y condene a los máximos responsables de daños contra el medio ambiente en todo contexto, en tiempos de paz y de guerra.

Pese a no haberse elaborado hasta ahora un crimen de Ecocidio dentro del ER, el derecho consuetudinario ha permitido que los graves daños al medio ambiente alcancen por lo menos la categoría de delito internacional, dejando a discreción del derecho interno de cada país su tipificación, persecución y sanción.

Así pues, el crimen de Ecocidio además de ser teóricamente viable según el DPI, hoy en día es necesario e imperioso incluirlo como crimen internacional en el ER, dada la continuada violación a los DDHH y las normas *ius cogens* que se presentan siempre que se ocasiona un grave daño al medio ambiente y la falta de recursos jurídicos expeditos para su salvaguarda, independientemente del lugar de comisión y su contexto.

Mientras que no exista un órgano a nivel internacional que tenga potestad de imponer coactivamente el Ecocidio sin acudir a la aquiescencia de sus destinatarios, su tipificación (por denominar así su descripción normativa) y todo lo demás, se tornaría accesorio pese a su innegable relevancia (Fernández-Hernández, 2024, pág. 9).

Aun logrando la elaboración e incorporación del crimen de Ecocidio en el ER, solo sería realmente eficaz si se modifican a su vez los aspectos que a continuación se tratarán.

3.7. MODIFICACIÓN DEL ESTATUTO DE ROMA Y AMPLIACIÓN DE SU JURISDICCIÓN

La primera modificación que en el ER se debe realizar para alcanzar una total eficacia en la investigación y condena de los crímenes internacionales es la del artículo 1.

El actual artículo 1 del ER dice:

> **Artículo 1.- La Corte**
> Se instituye por el presente una Corte Penal Internacional ("la Corte"). La Corte será una institución permanente, estará facultada para ejercer su jurisdicción sobre personas respecto de los crímenes más graves de trascendencia internacional de conformidad con el presente Estatuto y tendrá carácter complementario de

> las jurisdicciones penales nacionales. La competencia y el funcionamiento de la Corte se regirán por las disposiciones del presente Estatuto. (Subrayado propio y fuera del texto original).

La competencia que hoy en día tiene la CPI es complementaria, ello significa que no excluye la jurisdicción interna de los Estados, sólo actúa en cambio, cuando el Estado donde se presenta el crimen o los crímenes internacionales no está en la capacidad o la voluntad de investigarlos y sancionarlos (Artículo 17, literales a, b y c del Estatuto de Roma). No exige para ejercer su competencia que en el derecho doméstico se hayan agotado todos los mecanismos jurídicos de protección.

A mi juicio y en el de algunos otros autores, la CPI requiere, para el pleno cumplimiento de su jurisdicción, ampliar la competencia y ubicarla en la jurisdicción universal.

El borrador de los principios de Princeton sobre jurisdicción universal la define como *"la jurisdicción penal basada únicamente en la naturaleza del crimen, indistintamente de dónde hubiera sido cometido dicho crimen, de la nacionalidad del presunto o culpable perpetrador, de la nacionalidad de la víctima, o de cualquier otro vínculo con el estado que ejerza tal jurisdicción"* (Bassiouni, 2001, pág. 63).

Por lo tanto, esa jurisdicción puede ser ejercida por un órgano competente y ordinario de cualquier Estado sobre la persona que fuere acusada de haber cometido graves crímenes según el derecho internacional (Bassiouni, 2001, pág. 63).

Los crímenes prohibidos por el derecho internacional atraen la jurisdicción universal según el derecho internacional consuetudinario si se cumplen dos criterios. En primer lugar, deben ser contrarios a una norma imperativa de derecho internacional de modo que infrinjan el *ius cogens.* En segundo término, deben ser tan graves y de tal magnitud que pueden considerarse como un ataque al orden jurídico internacional (Cassese, 2003, pág. 294).

Como se ha analizado, el Ecocidio como crimen internacional satisface ambos requisitos, lo que activaría la jurisdicción universal.

En suma, se sugiere como nueva redacción del artículo 1 del ER lo siguiente:

> **Artículo 1.– La Corte**
> Se instituye por el presente una Corte Penal Internacional ("la Corte"). La Corte será una institución permanente, estará facultada para ejercer su jurisdicción sobre personas respecto de los crímenes más graves de trascendencia internacional de conformidad con el presente Estatuto y tendrá carácter universal. La competencia y el funcionamiento de la Corte se regirán por las disposiciones del presente Estatuto. (Subrayado propio).

La segunda modificación que necesitaría el ER está en el artículo 5. Actualmente reza:

> **Artículo 5.– Crímenes de la competencia de la Corte**
> 1. La competencia de la Corte se limitará a los crímenes más graves de trascendencia para la comunidad internacional en su conjunto. La Corte tendrá competencia, de conformidad con el presente Estatuto, respecto de los siguientes crímenes:
> a) El crimen de genocidio;
> b) Los crímenes de lesa humanidad;
> c) Los crímenes de guerra;
> d) El crimen de agresión.

El texto modificado quedaría:

> **Crímenes de la competencia de la Corte**
> 1. La competencia de la Corte se limitará a los crímenes más graves de trascendencia para la comunidad internacional en su conjunto. La Corte tendrá competencia, de conformidad con el presente Estatuto, respecto de los siguientes crímenes:
> a) El crimen de genocidio;
> b) Los crímenes de lesa humanidad;
> c) Los crímenes de guerra;
> d) El crimen de agresión.
> e) El crimen de ecocidio.

El artículo 8 del ER tendría que ser modificado en el sentido de incluir como *artículo 8 Ter* el crimen de Ecocidio, de la forma en que fue redactado y elaborado en el ítem 3.6.1 de esta investigación.

Los artículos 12 y 13, marcan pautas sobre las condiciones y el ejercicio de la competencia los cuales se sugiere modificar para ampliar la jurisdicción de la CPI de complementaria a universal.

Finalmente, el ER para su total eficacia sobre crímenes internacionales y la protección de los intereses de la comunidad internacional requiere la creación e incorporación de un artículo que verse sobre la responsabilidad penal a personas jurídicas.

Se sugiere tomar como base el Artículo 6 de la directiva 2008/99/CE del Parlamento Europeo y del Consejo, de 19 de noviembre de 2008 y ajustarlo al crimen de Ecocidio, como se redactó para que fuera el nuevo *artículo 8 Ter.* De este modo podría quedar un nuevo *artículo 28 Bis* sobre responsabilidad penal a personas jurídicas y Estados así:

> **Artículo 28 Bis.– Responsabilidad penal de las personas jurídicas y Estados**
> 1. Toda persona jurídica, independientemente de su naturaleza pública o privada, Estados y funcionarios públicos pueden ser consideradas responsables por crimen de ecocidio y los actos subyacentes a los que se hace referencia el artículo 8 TER, cuando tales actos hayan sido cometidos con conocimiento incluso en grado de culpa o negligencia grave por cualquier persona, a título individual o como parte de un órgano de la persona jurídica o cuerpo estatal, que tenga una posición directiva en la persona jurídica o rango superior en la estructura estatal, basada en:
> a) un poder de representación de la persona jurídica u órgano estatal:
> b) una autoridad para tomar decisiones en nombre de la persona jurídica o el Estado, o
> c) una autoridad para ejercer control dentro de la persona jurídica o el Estado.
> 2. Los Estados pueden ser considerados responsables cuando la ausencia de supervisión o control por parte

> de autoridades de la administración a que se refiere el apartado 1, haya hecho posible que una persona bajo su autoridad cometa, en beneficio de la persona jurídica, alguno de los actos a los que se hace referencia en el artículo 8 Ter.
> 3. La responsabilidad de las personas jurídicas y Estados, de conformidad con los apartados 1 y 2 no excluirá la responsabilidad penal individual de las personas físicas que sean autoras, incitadoras, cómplices o cualquier otra figura que pueda darse según el DPI y el derecho consuetudinario y que materialice actos a los que se hace referencia en el artículo 8 Ter.

Es por todo lo anteriormente expuesto que se insiste en la viabilidad, pero, sobre todo, en la extrema urgencia y necesidad de modificar el Estatuto de Roma, como el instrumento más importante a nivel internacional en materia de derecho penal que crea y otorga competencia la Corte Penal Internacional quien actúa como Tribunal permanente para juzgar e investigar crímenes internacionales.

De los cuatro crímenes internacionales que actualmente existen, se ha considerado la inclusión de un quinto crimen que recae en los efectos adversos graves que se causen al medio ambiente. Los intentos por sancionar en el DPI los graves daños al medio ambiente han aumentado a medida que la evidencia científica y la experiencia fáctica muestra que la actividad humana ha desequilibrado el normal funcionamiento de los ecosistemas y ello a su vez, repercute en derechos humanos como la vida, la integridad, la salud, de las generaciones actuales y las futuras.

Se requiere sin más demora, tomar acciones desde lo jurídico para evitar y mitigar los daños o efectos adversos graves al medio ambiente, ya que, desde nuestro campo de acción, es el aporte que abogados y operadores de justicia podemos dar a la comunidad internacional a fin de contribuir a la protección de derechos humanos vulnerados con actos criminales de bastas magnitudes de personas naturales, jurídicas y hasta Estados, que al día de hoy no tiene alcance penal real ni universal en escenarios internacionales.

Las propuestas de modificación al ER solo son orientativas, por tanto, susceptibles de cambio o actualización. De los artículos 12 y 13, de los cuales se considera modificar para introducir la jurisdicción universal, no fue tratado a profundidad una propuesta de redacción final pues, a criterio personal, es necesario ahondar mucho más en que dichos artículos y modificaciones tendrán repercusión en algunos otros articulados y ello ameritaría otra investigación.

Conclusiones

- Positivizar el crimen de Ecocidio en el Estatuto de Roma dada la emergencia climática y los evidentes efectos adversos producidos por el cambio climático a los ecosistemas, no solo resulta ser necesario sino apremiante.
- Incluir el Ecocidio en el Estatuto de Roma lo elevaría a la categoría de crimen internacional y la competencia para su investigación y condena recaería en la Corte Penal Internacional.
- La discusión de los graves daños al medio ambiente inició con mayor intensidad a partir de la década de los 70´s, cuando Richard Falk propuso una Convención Internacional sobre el crimen de Ecocidio, tomando el concepto de Arthur Galston que denominó Ecocidio a los impactos perjudiciales que el agente naranja había producido sobre el ecosistema natural de Vietnam.
- Tanto para entonces como en el presente, el Ecocidio no ha sido reconocido como crimen internacional en el Estatuto y tampoco como Convención internacional.
- El concepto Ecocidio alcanza connotación jurídica en estricto sentido cuando en 2010, Polly Higgins lo propuso por primera vez como posible quinto crimen de la CPI.
- Actualmente, para el derecho penal internacional los daños al medio ambiente natural son condenados e investigados únicamente en el contexto de guerra, de conformidad con lo dispuesto en el artículo 8 numeral 2 iv del Estatuto de Roma.
- En los Convenios de Ginebra y sus Protocolos, el artículo 55 del Protocolo I y los artículos 14 y 15 del Protocolo II, prohíben emplear como método de combate el ataque, la destrucción, la sustracción o la inutilización de

bienes indispensables para la supervivencia de la población civil.

- La protección que hasta ahora ha recibido el medio ambiente natural en el ámbito del derecho penal internacional, ha sido en contextos de conflicto armado y por su conexidad con la vida de la población civil, no de manera autónoma.

- La Corte Internacional de Justicia (CIJ), como autoridad competente contenciosa y consultiva del derecho internacional, ha endilgado responsabilidad a Estados al demostrarse que algunos daños contra el medio ambiente natural fueron ocasionados por la falta de control, monitoreo o diligencia de este.

- Los Estados en su derecho interno son quienes, en la actualidad, cuentan con los mecanismos más expeditos en la protección medioambiental, otorgándoles la categoría de delito o bajo sanciones administrativas que por falta de debida diligencia se produzcan. Sin embargo, esto no significa que en todos los casos haya condenadas o ellas sean eficaces.

- En aquellos casos donde el derecho interno no consagre ninguna disposición sobre la protección al medio ambiente natural es donde el derecho internacional es mucho más tardío o inaplicable.

- El debate sobre las consecuencias negativas del cambio climático ha ido escalando escenarios gracias a las evidencias y estudios científicos que han establecido que por lo menos se ocasionan dos grandes efectos: i) ***efectos ambientales y ecológicos***: aumento del nivel del mar, incremento de las temperaturas que pueden generar calores extremos y sequías en determinadas zonas, disminución de agua dulce y producción de alimentos, desastres naturales, catástrofes, desabastecimiento y escasez de recursos ii) ***efectos sociales***: problemas de salud, epidemias, movimientos sociales migratorios, hambrunas, acciones de protesta directa, aparición de disturbios, actos de resistencia que pueden conllevar a conductas delictivas como daños contra la propiedad o lesiones sobre personas.

- La Declaración de Estocolmo de 1972 y todos los demás instrumentos de *soft law* que fomentan la protección de los ecosistemas y el medio ambiente natural, no cuentan con fuerza coercitiva para hacer obligatorios los principios que promulgan. Además, en esta Declaración se establece una diligencia debida como obligación de los Estados de impedir que las actividades en su jurisdicción o control causen daño ambiental a otros Estados o a los bienes comunes globales. La responsabilidad no surge del daño en sí sino de la falta de ejercicio de la debida diligencia.
- La delincuencia ambiental transnacional y los daños medioambientales asociados al comercio transnacional son una alerta por el imparable crecimiento de esta, pero a nivel global, está siendo desatendida por cuanto este tipo de delincuencia es ausente en la Convención de las Naciones Unidas contra la Delincuencia Organizada Transnacional o en cualquiera de sus protocolos.
- El término Ecocidio ha sido empleado por doctrinantes del derecho penal internacional para referirse a los graves daños ecológicos, supliendo la ausencia de un crimen internacional que cada día resulta ser más necesario, ya que muchos Estados reconocen la competencia de la Corte Penal Internacional y otros sistemas de protección como la ONU, el TEDH (Tribunal Europeo de Derechos Humanos- para el caso de países europeos) o la CIDH (Corte Interamericana de Derechos Humanos- países del continente americano), pero no cuentan con los mecanismos adecuados para perseguir y judicializar los graves crímenes contra el medio ambiente en su derecho interno.
- Hoy en día, no se cuenta con un mecanismo jurídico que permita condenar a los máximos responsables de graves daños contra el medio ambiente natural en todo tiempo y lugar.

- Las Cortes de Derechos Humanos han sido progresistas en sus fallos y han declarado sujetos de derechos a los ecosistemas, pese a que el derecho doméstico de los países no los tutele. Esta interpretación extensiva de la protección de la vida e integridad de los seres humanos, por conexidad con el bienestar del medio ambiente para el disfrute de la vida en comunidad bajo condiciones dignas, cada día es más aceptada por jueces y Tribunales.
- Una de las dificultades que ha encontrado la persecución y judicialización a los responsables de causar daños a gran escala al medio ambiente es la disparidad de normas sobre la materia. Sin embargo, no es inexistente la progresiva protección que operadores de justicia, Cortes y algunos Tribunales han interpretado a favor del ambiente natural, en especial, los que aplican normas y dirimen asuntos en Derechos Humanos.
- A la fecha, la CPI no ha procesado ni condenado a nadie por lo señalado en artículo 8.2-B- iv y es posible que nunca lo haya. Esto es, por crímenes de guerra que en su curso produjera un ataque intencional a sabiendas que causaría daños extensos, duraderos y graves al medio ambiente natural y que fuesen excesivos en relación con la ventaja militar concreta.
- La CPI no puede actuar sin crimen que sea de su competencia en aras de no trasgredir el principio de legalidad y hoy en día, no puede aplicar la jurisdicción universal.
- El sistema Universal de protección al medio ambiente natural de manera vinculante y contenciosa la ejerce la CIJ, quien ha emitido sentencias relevantes contra Estados. Por demás, a partir de 1993, la CIJ crea una Sala medioambiental donde se dedica a los asuntos relacionados en la materia.
- La CIJ solo pueden acudir los Estados Parte que hayan reconocido y ratificado la Carta de Naciones Unidas y acepten la competencia de la CIJ.

- Los Estados que no sean Parte de la ONU, no podrán someterse a la jurisdicción de la CIJ, dejando entonces fuera del alcance litigioso todos aquellos asuntos que atañen a lo señalado en el Art 36 o cuando además los implicados no concurran a i) un acuerdo especial, ii) una cláusula jurisdiccional o iii) reconocimiento recíproco de declaraciones hechas por los Estados de los términos del Estatuto de la CIJ.
- Las investigaciones y eventuales condenas que emita la CIJ recaen siempre contra Estados. Algunos de ellos que reconocen la competencia de la CIJ y otros a quienes se les aplica la jurisdicción en los eventos anteriormente indicados. Esta Corte no condena a personas naturales, lo que limita los principios de prevención general y especial del derecho penal en materia medio ambiental que investiga y sanciona la CIJ.
- La reiterada y uniformada práctica por salvaguardar el medio ambiente y el uso sostenible de los recursos naturales ha promovido que se declare costumbre internacional y, por consiguiente, *ius cogens* la defensa del medio ambiente.
- Algunos Estados protegen el medio ambiente como derecho constitucional, modificando sus constituciones para incluirlo y otros, lo hacen por medio de reformas a sus códigos penales otorgándole la calidad de delito.
- El sistema europeo de protección de derechos humanos, siendo el más antiguo y que actúa como modelo para los demás, es el de menor protección al medio ambiente por no hallarse en el Convenio que lo regula, norma alguna que lo determine como derecho humano de manera directa, forzando a interpretar las normas y los derechos del CEDH a lo más favorable en materia medio ambiental y por conexidad con otros derechos que sí están descritos en el instrumento.
- Si hemos de encasillar un modelo generalizado supranacional que se aplica en el continente europeo sobre daños al medio ambiente, es justamente sobre las san-

ciones financieras que el declarado responsable tiene lugar, conforme la aplicación del principio de "quien contamina paga" y no propiamente sobre responsabilidad penal o judicialización de violadores a derechos humanos, aunque también puede darse si el derecho interno de cada país así lo estima. Ese modelo supranacional es regido por las directrices de la UE.

- En el continente americano pueden distinguirse dos modelos de protección en asuntos ambientales a los que he denominado: el **casuístico o de precedente**, dado en Estados Unidos y Canadá y el **convencional**, que se aplica en la mayoría de los países latinoamericanos que hacen parte de la OEA.
- En el SIDH se parten de las premisas que: i) los Estados son los garantes, promotores y responsables de los Derechos Humanos en su jurisdicción, ii) su competencia es subsidiaria y puede impetrarse una vez se agoten los mecanismos internos o estos sean ineficaces o inexistentes frente al derecho que se entiende vulnerado, iii) el derecho al medio ambiente sano es un derecho autónomo, consigna del proceso evolutivo del principio de progresividad y la relación de los DESCA con derechos civiles y políticos, iv) se le concede la calidad de sujeto de derecho a la naturaleza y los ecosistemas.
- En la evolución jurisprudencial del SIDH se ha alcanzado el derecho al medio ambiente sano como derecho autónomo y la protección de los ecosistemas como sujetos de derechos y titulares de protección estatal.
- En principio, en ese desarrollo jurisprudencial el medio ambiente estaba atado a la interpretación de los DESC que el artículo 26 de la CADH hiciera sobre el principio de progresividad. Este permitía el avance y la cobertura gradual y total sobre los DDHH, ahora, ese principio de progresividad permite que, al tiempo de imponer una condena a un Estado por vulneración de los derechos humanos contenidos en la CADH, se aborde la protección al medio ambiente sano autónomamente, ubicán-

dolo en la categoría de los DESCA, evolución de los DESC.

- En ejecución de ese principio de progresividad, poco a poco el medio ambiente ha adquirido una protección autónoma como derecho humano en el sistema interamericano, sin analizar la conexidad que sobre otros derechos humanos de la CADH pueden ocasionarse. Ya de por sí resulta ser relevante proteger los ecosistemas bajo los principios de precaución, prevención y solidaridad intergeneracional que considera esencial respetar y garantizar los derechos humanos de las víctimas actuales y las que pueden surgir a futuro en virtud de un grave daño al medio ambiente.
- La Carta Africana sobre los Derechos Humanos y de los Pueblos o Carta de Banjul de 1981, entrada en vigor en octubre de 1986, constituye el eje del sistema africano de derechos humanos y los pueblos, y es el primer documento jurídico que articula con carácter vinculante el derecho al desarrollo y algunos derechos medioambientales.
- Los tres sistemas de protección de derechos humanos oficiales y reconocidos internacionalmente son el europeo, interamericano y africano; los tres protegen el medio ambiente desde ámbitos diferentes, algunos de forma autónoma y otros por conexidad con ciertos derechos humanos.
- El sistema africano de protección de derechos humanos siendo el sistema regional más joven de esta categoría, consagra la protección al medio ambiente y desarrollo sostenible de manera directa como derecho humano y exalta la importancia de su salvaguarda por el desarrollo y existencia de los pueblos.
- El sistema europeo de derechos humanos no contiene el derecho al medio ambiente sano en el CEDH, pese a ser el sistema más antiguo del mundo en esta clase, es el menos desarrollado en este derecho. Por el contrario, el sistema africano siendo el sistema regional más nuevo

en derechos humanos, es el primero en incluir en la Carta Africana el medio ambiente sano y el desarrollo sostenible como derecho humano y de los pueblos.

- Los países de la UE reconocen y aplican los lineamientos emitidos por el Parlamento Europeo que endilga responsabilidad por daños al medio ambiente bajo el principio de "quien contamina paga". Dentro de los parámetros impuestos por la UE a los Estados miembros, está el acondicionar el derecho interno para atribuir responsabilidad penal a personas jurídicas y sanciones administrativas eficaces para reducir la impunidad sobre responsabilidad a daños ambientales.
- La evolución del derecho penal internacional, aunque comparte principios generales del derecho y del derecho penal, diferencia el concepto de crimen y delito, pues el primero no se adecúa a las categorías dogmáticas de tipicidad, antijuridicidad y culpabilidad (algunos países incluyen la punibilidad). Lo que significa que hablar de crimen internacional es relativamente distinto a hablar de delito.
- Los crímenes internacionales son el resultado de la presencia acumulativa de los siguientes elementos. Primero, consisten en violaciones de normas del derecho internacional consuetudinario, así como de disposiciones de Tratados. Segundo, dichas normas tienen por objeto proteger los valores de toda la comunidad internacional, en consecuencia, vinculan a todos los Estados e individuos. Los valores en cuestión están plasmados en una serie de instrumentos escritos de manera sencilla y corta. En tercer lugar, que exista un interés universal en reprimir los crímenes. Bajo ciertas condiciones, según el derecho internacional, los presuntos autores pueden en principio ser procesados por cualquier Estado, independientemente del vínculo territorial o nacional que se advierte con el autor o con la víctima en el momento de la comisión del crimen.

- Si las personas protegidas son el centro del DPI, los ecosistemas al ser declarados sujetos de derechos en ciertas jurisdicciones y replicando estas premisas con efectos *erga omnes*, permite entender que también pueden considerarse personas protegidas y, por tanto, las conductas de resultado o de mera conducta que generen un alto riesgo para su existencia deberían prevenirse o en caso de que ocurran, mitigarse y sancionarse por el DPI.
- Los elementos contextuales, los actos subyacentes y los modos de participación tienen dos elementos esenciales: i) elementos materiales (*actus reus*), de cada crimen y modo de participación que comprenden la conducta, las consecuencias y circunstancias. Son de naturaleza objetiva, y ii) el elemento subjetivo (*mens rea*), que requiere pruebas subjetivas del conocimiento y la intención sobre los elementos materiales.
- Una enorme dificultad en la aplicación del derecho penal para la protección del medio ambiente es la vaguedad y amplitud de las propuestas por otorgar una definición jurídica al Ecocidio, principalmente por los principios de taxatividad y legalidad.
- Cuando el conjunto de normas falta o contiene lagunas se debe recurrir al derecho internacional consuetudinario. Incluso, si además resulta inútil el marco normativo, se deben aplicar los principios generales del derecho internacional, en particular los de DPI, DDHH y DIH.
- Los elementos materiales de los crímenes pese a ser agrupados, en la medida de lo posible en el ER, también pueden figurar en otros instrumentos como Convenciones, Tratados y normas de derecho internacional, principios generales del derecho; entre otros.
- En el conjunto de normas del derecho internacional general, encontramos las normas imperativas (*ius cogens*) que reflejan y protegen valores fundamentales de la comunidad internacional.

- La base más común de las normas imperativas de derecho internacional general (*ius cogens*), es el derecho internacional consuetudinario, las disposiciones de los tratados y los principios generales.
- Estas normas imperativas generan obligaciones para con la comunidad internacional (*erga omnes*), en relación con las cuales todos los Estados tienen un interés jurídico.
- Como tal, no existe una lista autorizada de normas *ius cogens,* pero los derechos humanos son considerados en esa categoría. Los tratados ambientales pueden transformarse en obligación del derecho internacional consuetudinario basada sobre el derecho ambiental internacional y el derecho de los derechos humanos, para proteger a los Estados y los bienes comunes globales del daño ambiental.
- Para la CorteIDH queda claro que la obligación de protección del medio ambiente reúne las características de norma *ius cogens* que advierte la Comisión de Derecho Internacional y, además, constituye una costumbre internacional porque es *"prueba de una práctica generalmente aceptada como derecho".*
- El ER aunque es estricto en el estándar del estado de ánimo del perpetrador, reduciéndolo al conocimiento y la intención, faculta a la CPI para que acuda, en caso de ser requerido, al derecho consuetudinario quien ha endilgado responsabilidad penal bajo el postulado que la mejor evidencia de la intención de un sujeto en la comisión de un crimen está los actos concretos que realiza, ya que no se puede evaluar dentro de la mente del agente sus intenciones, la intención se presume del acto manifiesto.
- El conocimiento, es otro de los estados mentales qué, conforme la redacción final del artículo 30 del ER, incorpora dos versiones del conocimiento que se emplea en los países del *common law.* En general el conocimiento en sus dos versiones del *common law* implica la concien-

cia de que una circunstancia existe o una consecuencia ocurrirá, en el curso normal de los acontecimientos.

- El conocimiento entonces puede dilucidarse de dos maneras de acuerdo con el ER. La primera de ellas, cuando el perpetrador sabe que está incurriendo en una conducta prohibida por el DPI, y la segunda, cuando el perpetrador tiene conciencia de que su conducta tiene altas probabilidades de causar un resultado dañino y decide asumir el riesgo de que ocurra. Una es sobre la prohibición misma de la conducta y las circunstancias, y otra sobre el resultado en grado de alta probabilidad de ocurrencia.
- Las normas consuetudinarias sobre responsabilidad de los superiores exigen claramente la negligencia grave, por cuanto, si bien no sabían del actuar de sus subordinados "debieron haber sabido" que estos estaban a punto de cometer crímenes, estaban cometiéndolos o los habían cometido.
- Aunque algunos tratadistas de DPI consideran que la culpa o negligencia grave no alcanza el umbral suficiente para la responsabilidad individual, el derecho consuetudinario sí ha emitido sentencias de acuerdo con ese estado mental, particularmente contra los superiores jerárquicos civiles o militares que ejercían o debían ejercer control sobre los actos de sus subordinados.
- De los elementos mentales que en principio el ER establece como intencionalidad en el artículo 30, que son conocimiento y la intencionalidad propiamente dicha, solo el conocimiento se ubica en la propuesta del posible nuevo crimen de la CPI.
- La intencionalidad que equivaldría al dolo directo, en el Ecocidio estaría siendo reemplazado por el dolo eventual (en el estadio del conocimiento) o la culpa o negligencia grave, en caso de los jefes y otros superiores (art 28 ER).

- Es perfectamente loable, tanto por el derecho consuetudinario como por el ER, que el estado mental del crimen de Ecocidio se ubique en el conocimiento y la culpa o negligencia grave.
- Aunque los actos subyacentes sean producidos por personas naturales, los crímenes internacionales denotan complejas estructuras criminales que son las que permiten que la acumulación de actos subyacentes de personas físicas alcance el umbral de gravedad.
- La responsabilidad penal individual del artículo 25 del ER en lo que atañe al crimen de Ecocidio se podría configurar perpetrando el crimen de manera directa, como autor material del crimen o en coautoría tanto bajo la figura de la JCE como la que describe el elemento de intencionalidad del artículo 30 del ER, a saber, del que tiene consciencia de que sus actos acarrean una consecuencia o del que tiene conocimiento que existe una circunstancia que se va a producir en el curso normal de los acontecimientos y aun así, quiere su realización.
- Los modos de participación en la comisión del crimen de manera indirecta, como autoría accesoria para el crimen de Ecocidio, que puede llegar a endilgar responsabilidad penal conforme a las disposiciones del ER abarcan: la complicidad (dada antes, durante o después de la comisión del crimen), la asistencia, la contribución, la instigación, la inducción, la orden y la asistencia de comisión de un crimen por un grupo propiamente dicha.
- Quienes financien al autor, coautores o al grupo criminal o asistan o contribuyan de algún otro modo a facilitar la comisión del crimen incurrirán, a la luz del ER y el derecho consuetudinario, en responsabilidad penal internacional según su grado de injerencia y aporte sustancial al crimen.
- Debido a la compleja estructura del Estado moderno, los actos a menudo no podían imputarse a un individuo sino necesariamente a todo un sistema.

- El concepto de responsabilidad internacional de Estados no se encuentra en ningún cuerpo normativo de manera taxativa y universal, la responsabilidad de los Estados ha de surgir de las obligaciones internacionales sobre las cuales los Estados se comprometen, pero incumplen (mediante tratados suscritos y ratificados, de naturaleza bilateral o multilateral), o de las normas *ius cogens*.
- El derecho internacional consuetudinario reconoce al menos como Ecocidio aquellos casos donde se causa "*contaminación masiva de la atmósfera o de los mares*". Esto podría limitarse actualmente a violaciones de compromisos específicos de Tratados.
- Bajo la interpretación y el progreso del derecho consuetudinario, los actos materiales que causen contaminación masiva a la atmósfera o los mares, teóricamente podrían catalogarse como un crimen internacional si su evolución normativa continua y se incorporase en el ER, sin embargo, aun si no se incluyera en el ER, por lo menos dichas actividades podrían ser penalizadas por alcanzar el umbral de delito internacional.
- El medio ambiente sano ahora se concibe como un derecho humano y en razón a ello, genera obligaciones internacionales sobre los Estados.
- Para la CorteIDH surge responsabilidad estatal por violación a la CADH en asuntos ambientales con base en las obligaciones de: 1. El principio de prevención, 2. El principio de precaución, 3 la cooperación de buena fe, 4. Garantía del acceso a la información, 5. Garantía del derecho a la participación pública, 6. Garantía del acceso a la justicia.
- El Ecocidio es el incumplimiento de una debida diligencia de carácter *erga omnes*. El derecho ambiental internacional establece y expone el deber de cuidado; pero es el derecho internacional de los derechos humanos el que proporciona su fundamento filosófico y jurisprudencial.

- La noción de responsabilidad del superior consiste en un elemento de poder (mando y control efectivo) que el superior ejerce sobre sus subordinados en virtud de la relación jerárquica entre ellos, un *mens rea* requerido (conocimiento real o conocimiento constructivo) y una omisión (no prevenir o sancionar), que en realidad genera la responsabilidad penal.

- La relación superior- subordinado, aunque inicialmente fue planteada sólo a los comandantes militares, hoy en día afecta también a los superiores civiles que ejercen un control similar.

- Otra forma de llegar a la responsabilidad de Estados es a través de la responsabilidad de los superiores militares o civiles siendo más sencillo demostrar en la mayoría de las ocasiones la responsabilidad del superior militar por el control *de facto* o *de iure* que este tenga dentro de una estructura organizada y que por demás, es justo la que lo ha ubicado en su interior como un superior al mando.

- La debida diligencia pretende evitar que se produzcan impactos adversos en los derechos humanos, el medio ambiente o la buena gobernanza.

- La conexión entre el desarrollo de los DDHH, su protección y la debida diligencia, que resultan ser deberes de los Estados, cimentan la Responsabilidad penal Estatal de manera directa en caso de que en la ocurrencia de algún crimen internacional se advirtiera la violación de DDHH en ausencia de la aplicación de la debida diligencia.

- El derecho consuetudinario ha permitido la viabilidad para que el ER pueda ser modificado y se incluya la responsabilidad penal internacional de Estados. También, la posibilidad de crear un crimen internacional cuya lesividad sea tan grave que perturbe multiplicidad de derechos humanos, así como valores y principios objeto de protección por la comunidad internacional.

- El riesgo disminuye en la medida que se acogiesen las medidas necesarias para evitar un daño ambiental o mitigar su impacto si ya se ha materializado, lo que se busca obtener con la debida diligencia. De manera que el riesgo entonces no sea abstracto sino concreto y se pueda prever cada vez más en la medida que la ciencia aporte la información necesaria para expedir políticas administrativas, públicas, jurídicas o las que se hubiera lugar, ponderando el desarrollo económico de una sociedad sin que haya un detrimento exacerbado y desproporcional del medio ambiente natural.
- La responsabilidad de las empresas de respetar los derechos humanos, tienen cuatro fundamentos que se pueden sintetizar del siguiente modo: i) abstenerse de infringir los derechos humanos de terceros y asumir las consecuencias negativas en las que tuviere participación, ii) evitar que sus actividades provoquen o contribuyan a provocar consecuencias negativas sobre DDHH de terceras personas, iii) respetar los DDHH internacionalmente reconocidos, iv) prevenir o mitigar las consecuencias negativas sobre los DDHH que tuvieran relación directa con sus operaciones aun cuando no hayan contribuido a generarlos.
- La responsabilidad internacional sobre empresas recae en la debida diligencia que les obliga a llevar a cabo sus actividades industriales, comerciales y de servicios respetando los derechos humanos. En derecho penal internacional, una persona jurídica bien podría ser responsable penalmente por la comisión de crímenes internacionales en el ejercicio ilícito de sus actividades o aun siendo lícitas, por infringir la debida diligencia.
- La responsabilidad penal a personas jurídicas como la responsabilidad penal a Estados se puede dar directamente o mediante la comisión inicial de una persona natural. En personas jurídicas por violaciones a los derechos humanos en ejercicio de una actividad corporativa lícita o ilícita y en virtud del incumplimiento de la

debida diligencia. En Estados por vulneración de sus obligaciones internacionales de promover, respetar y garantizar los DDHH.

- La perpetración de un crimen internacional ya sea cometida por personas jurídicas o naturales no excluye la responsabilidad del Estado o los Estados en donde se cometieron.

- La definición del crimen de Ecocidio expuesta en esta investigación en el acápite 3.6.1, cumple con la estructura propia de los crímenes internacionales.

- La responsabilidad penal a Estados por graves daños al medio ambiente ha encontrado sustento en las violaciones a los DDHH y las normas *ius cogens* lo que faculta a Tribunales y Cortes internacionales a emitir fallos contra Estados en la materia. Sin embargo, recientemente se ha señalado que los efectos adversos sobre el medio ambiente que sean provocados por empresas, además de incluir la responsabilidad penal de ésta como es apenas obvio, también involucra la responsabilidad penal de Estados donde se hayan cometido dichos daños o efectos adversos.

- El Ecocidio entonces es un crimen de riesgo concreto que se configura con el solo conocimiento en grado de culpa grave o negligencia dentro de un escenario de debida diligencia que se omite o que se realiza a pesar de conocer los potenciales efectos adversos que podrían generarse en el medio ambiente natural, las alternativas disponibles para realizar otras actividades, pero aun así hacer las potencialmente dañinas siendo consciente de la alta probabilidad de ocurrencia en el curso normal de los acontecimientos.

- El crimen de Ecocidio además de ser teóricamente viable según el DPI, hoy en día es necesario e imperioso incluirlo como crimen internacional en el ER, dada la continuada violación a los DDHH y las normas *ius cogens* que se presentan siempre que se ocasiona un grave daño al medio ambiente y la falta de recursos jurídicos expeditos para su salvaguarda, independientemente del lugar de comisión.

- La responsabilidad de superiores civiles y militares procedería para el crimen de Ecocidio conforme a los términos por los cuales actualmente se concibe la figura en el ER en el artículo 28, pero teniendo en cuenta que los máximos responsables de la degradación ambiental son las empresas y, como se estudió, de las acciones de estas en asuntos ambientales responden también los Estados, el ER para ser efectivo por lo menos en el crimen de Ecocidio, debe incluir la responsabilidad penal a personas jurídicas y Estados.
- Si bien es cierto el ER reconoce que por la comisión de un crimen internacional puede proceder la responsabilidad internacional e incluso puede operar de manera simultánea, el ER puede modificarse para adaptarse a las nuevas formas de responsabilidad penal para incorporar la responsabilidad penal internacional de personas jurídicas y Estados. Haciendo esto se combatiría la impunidad y se evitará el desgaste judicial de dos órganos que emitan sentencias similares o contrapuestas, pero basadas en los mismos hechos.
- De existir entonces el crimen de Ecocidio se podrían presentar escenarios de reducción de la impunidad, celeridad de las investigaciones y condenas con las garantías propias del debido proceso y seguridad jurídica.
- En similar sentido, se contaría con un crimen que no concibe su origen únicamente en la intencionalidad del perpetrador sino también en el conocimiento que se tenga sobre el resultado o las circunstancias que se causen, que surja de una acción colectiva en un sistema donde se ejecuta y no exclusivamente de la conducta personalísima de una persona física y finalmente, se contaría con un crimen que persiga y condene a los máximos responsables de daños contra el medio ambiente en todo contexto, en tiempos de paz y de guerra.

- Pese a no haberse elaborado hasta ahora un crimen de Ecocidio dentro del ER, el derecho consuetudinario ha permitido que los graves daños al medio ambiente alcancen por lo menos la categoría de delito internacional, dejando a discreción del derecho interno de cada país su tipificación, persecución y sanción.
- La CPI requiere, para el pleno cumplimiento de su jurisdicción, ampliar la competencia y ubicarla en la jurisdicción universal.

Epílogo

Precisado desde el inicio de esta investigación, este es sólo un punto de partida sobre el cual se desprenden varias líneas de debate e investigación. Entre ellas las que a continuación relaciono:

1. El estudio sobre la factibilidad financiera, jurídica y política de los Estados Parte que componen, se someten y reconocen la competencia de la CPI para que el Estatuto de Roma se modifique y se asuma: i) la creación de un nuevo crimen internacional como el Ecocidio y, ii) la inclusión de la responsabilidad penal a Estados y Personas jurídicas.

2. La aprobación de un crimen como el Ecocidio puede con llevar a la denuncia (retiro) de varios países de la CPI, dejando al ER como Tratado internacional en desuso, en consecuencia, estudiar el posible impacto que un crimen internacional con las características y modificaciones aquí expuestas pueda traer al sistema internacional penal.

3. La ampliación de la jurisdicción de la CPI de complementaria a universal puede acarrear la desviación del poder judicial de algunos funcionarios públicos a temas netamente políticos, por tanto, es necesario delimitar cómo se haría esa fase inicial de investigación en la jurisdicción universal y qué comprobaciones debe hacer la oficina del Fiscal de la CPI para iniciar apertura de situación preliminar en un Estado.

4. Modificar, incluir y estudiar a fondo los aportes que la ciencia debe hacer en las Reglas de Procedimiento y prueba de la CPI (en el articulado del ER), para establecer cómo, quienes, y cuando se alcanza el umbral de “alta probabilidad”, para el conocimiento o *mens rea* del crimen de Ecocidio planteado en esta investigación.

5. Por último, la inclusión del Ecocidio en el ER permitirá a su vez la reconsideración del sistema de justicia tradicional de la CPI, de retributiva a restaurativa, donde será necesario analizar cómo se pueden dar las formas de responsabilidad penal y la reparación de los daños ambientales causados, las sanciones a imponer, el monto, si de pronto con los dineros fruto de estas la CPI puede mantener su operación sin depender de los recursos de los Estados o las Personas Jurídicas declaradas penalmente responsables y en qué términos se puede dar.

Bibliografía

ACUERDO DE PARÍS. (2015).

AGENCIA DE LOS DERECHOS FUNDAMENTALES DE LA UNIÓN EUROPEA Y CONSEJO DE EUROPA. (2016). *Manual sobre el derecho europeo relativo al acceso a la justicia.*

AGINAM, O. (2006). International Law, HIV/AIDS, and Human Rights in Africa: A Post-Colonial Discourse. *Cambridge University Press on behalf of the American Society of International Law,* 350-354.

ALZINA LOZANO, Á. (2023). *El derecho penal y la política medioambiental de la Unión Europea.*

ARENAL LORA, L. (2021). Regulación jurídica de los crímenes contra el medio ambiente en el derecho internacional: desafíos para la definición del ecocidio como un crimen internacional. *Anuario Iberoamericano de Derecho Internacional Penal. Revistas URosario,* 1-29.

BANTEKAS, I. (2013). Legal Anthropology and the Construction of Complex Liabilities. En C. Chernor Jalloh, *The Sierra Leone Special Court and Its Legacy: The Impact for Africa and International Criminal Law* (págs. 181-190). Cambridge University Press.

BASSIOUNI, C. (2001). Jurisdicción universal para crímenes internacionales: Perspectivas históricas y práctica contemporánea. *Virginia Journal of International Law Association,* 1-67.

BOEGLIN, N. (06 de Noviembre de 2019). *El retiro formal (denuncia) de Estados Unidos del Acuerdo de París del 2015.* Obtenido de dipublico.org. Consultado el 21 de diciembre de 2023: https://www.dipublico.org/115034/el-retiro-formal-denuncia-de-estados-unidos-del-acuerdo-de-paris-del-2015/.

BORRÁS, S. (2015). La Contribución de la Corte Interamericana de Derechos Humanos a la protección de los defensores ambientales. *Eunomía. Revista en Cultura de la Legalidad,* 3-15.

CARTA AFRICANA SOBRE LOS DERECHOS HUMANOS Y DE LOS PUEBLOS. (1981).

Carta de Naciones Unidas. (1945).

CARTA MUNDIAL DE LA NATURALEZA. (1982).

CARTES RODRÍGUEZ, J. B. (2021). El Sistema regional africano de derechos humanos y de los pueblos: evolución, innovaciones y desafíos. *Anuario de los Cursos de Derechos Humanos de Donostia- San*

Sebastián: Donostiako Giza Eskubideei Buruzko Ikastaroen Urtekaria, (21), 45-85.

CASE MATRIX NETWORK. (2017). *Directrices de Derecho Penal Internacional: Crímenes de Lesa Humanidad.* Centre for International Law Research and Policy https://www. legal-tools. org/doc/66bb47/ pdf.

CASO COMUNIDADES INDÍGENAS MIEMBROS DE LA ASOCIACIÓN LHAKA HONHAT (NUESTRA TIERRA) VS. ARGENTINA (CORTE INTERAMERICANA DE DERECHOS HUMANOS 6 de Febrero de 2020).

CASO HABITANTES DE LA OROYA VS. PERÚ (Corte Interamericana de Derechos Humanos. (Excepciones Preliminares, Fondo, Reparaciones y Costas). VOTO CONCURRENTE DE LOS JUECES RICARDO C. PÉREZ MANRIQUE, EDUARDO FERRER MAC-GREGOR POISOT, Y RODRIGO MUDROVITSCH 27 de Noviembre de 2023).

CASO URGENDA, ECLI:NL:HR:2019:2007. Number 19/00135 (SUPREME COURT OF THE NETHERLANDS 20 de December de 2019).

CASSESE, A. (2003). *International criminal law.* Oxford University Press. 1st edition.

CASSESE, A., GAETA, P., BAIG, L., FAN, M., & GOSNELL, C. G. (2013). Fundamentals of International Criminal Law. En A. Cassese, P. Gaeta, L. Baig, M. Fan, & C. G. Gosnell, *International Criminal Law* (págs. 3-21).

CASSESE, A., GAETA, P., BAIG, L., FAN, M., GOSNELL, C., & WHITING, A. (2013). Perpetration: in particular joint and indirect perpetration. *International Criminal Law* (págs. 161-179). Oxford University Press.

CASSESE, A., GAETA, P., BAIG, L., FAN, M., GOSNELL, C., & WHITING, A. (2013). The elements of international crimes, in particular the mental element. *International Criminal Law* (págs. 37-58).

CENTRO DE DOCUMENTACIÓN EUROPEA. (18 de Abril de 2024). *Unión Europea.* Obtenido de https://cde.ugr.es/index.php/union-europea.

COMISIÓN DE DERECHO INTERNACIONAL. (2022). *Normas imperativas de derecho internacional general (Ius Cogens). A/CN.4/L.967.*

COMUNIDAD ENDOROIS VS. Kenia, Comunicación N° 276/2003 (Comisión Africana de Derechos Humanos y de los Pueblos Julio de 2010).

CONSEJO DE DERECHOS HUMANOS. (2008). *Informe del Representante Especial del Secretario General sobre la cuestión de los derechos humanos y las empresas transnacionales y otras empresas comerciales.*

CONSEJO ECONÓMICO Y SOCIAL. Naciones Unidas. (24 de Enero de 2023). Observación General Núm. 26. Relativa a los derechos sobre la tierra y los derechos económicos, sociales y culturales.

CONVENCIÓN AMERICANA DE DERECHOS HUMANOS. (22 de Noviembre de 1969). San José, Costa Rica.

Convención Marco de las Naciones Unidas sobre el Cambio Climático. (1992).

CONVENIO 169 DE LA OIT. (1989).

CONVENIO DE ESPOO. (1991).

CONVENIO DE VIENA PARA LA PROTECCIÓN DE LA CAPA DE OZONO. (1987).

CONVENIO SOBRE LA DIVERSIDAD BIOLÓGICA. (1992).

CORTE INTERAMERICANA DE DERECHOS HUMANOS. (15 de Noviembre de 2017). Opinión consultiva OC-23/17. *Medio ambiente y derechos humanos. Obligaciones estatales en relación con el medio ambiente en el marco de la protección y garantía de los derechos a la vida y a la integridad personal.*

CORTE INTERNACIONAL DE JUSTICIA. (23 de Noviembre de 2023). Obtenido de Funcionamiento de la Corte. Procedimiento contencioso: https://www.un.org/es/icj/how.shtml.

CORTE SUPREMA DE JUSTICIA. Sala de Casación Civil, STC4360-2018. Radicación 11001220300020180031901 (Corte Suprema de Justicia. Sala de Casación Civil. 5 de Abril de 2018).

COURTIS, C. (2014). Artículo 26. Desarrollo progresivo. En K. A. Stiftung, *Convención Americana sobre Derechos Humanos* (págs. 654-676). Editorial Temis.

CUERDA ARNAU, M. L. (2023). La justicia penal nacional frente al Ecocidio: David contra Goliat (veinte años desde la catástrofe del Prestige). En *Empresas transnacionales, derechos humanos y cadenas de valor: nuevos desafíos* (págs. 167-191). Colex S.L.

CUNNINGTON, R. (2020). *Scorched Earth: The Case for Wartime Ecocide in International Law.* The Beacon.

DECLARACIÓN DE ESTOCOLMO SOBRE EL MEDIO AMBIENTE HUMANO. (1972).

DECLARACIÓN DE RÍO SOBRE MEDIO AMBIENTE Y DESARROLLO. (1992).

DE-PAOR, R. (2020). Hacia la criminalidad climática: creación de una quinta categoría de crimen bajo el Estatuto de Roma para penalizar la agravación del cambio climático. *ANUARIO ESPAÑOL DE DERECHO INTERNACIONAL. VOL. 36*, 289-325.

ESTATUTO DE LA CORTE INTERNACIONAL DE JUSTICIA. (1945).

ESTATUTO DE ROMA. (1998).

FERNÁNDEZ-HERNÁNDEZ, A. (2024). El delito de ecocidio en el ámbito internacional, ¿un debate desenfocado? *Revista Electrónica de Criminología.*

GARCÍA RUIZ, A. (2018). Del ecocidio y los procesos migratorios a la opacidad de la victimización ecológica. *Revista electrónica de ciencia penal y criminología*, 1-46.

GAUGER, A., POUYE RABATEL-FERNEL, M., KULBICKI, L., SHORT, D., & HIGGINS, P. (2012). The Ecocide Project 'Ecocide is the missing 5 th Crime Against Peace'. *Human Rights Consortium, School of Advanced Study, University of London.*

GONZÁLEZ HERNÁNDEZ, R. (2012). La responsabilidad civil por daños al medio ambiente. *Anuario Jurídico y Económico Escurialense, XLV*, 177-192.

GRAY, M. A. (2017). The international crime of ecocide. *International Crimes* (págs. 456-511). Routledge.

GREENE, A. (2019). The campaign to make ecocide an international crime: quixoticquest or moral imperative. *Fordham Environmental Law Review, 30 (3)*, 1-48.

GREGOR, F. M., & María, P. M. (2014). Parte I Deberes de los Estados y derechos protegidos. Artículo I. Obligación de respetar los derechos. En K. A. Stiftung, *Convención Americana sobre Derechos Humanos* (págs. 42-67). Editorial Temis.

GROS ABAD, R. A. (2014). El Ecocidio como crimen internacional. *Trabajo de Fin de Grado.* Zaragoza, España: Repositorio de la Universidad de Zaragoza.

HEYNS, C., STRASSER, W., & PADILLA, D. (2003). A schematic comparison of regional human rights systems. En *African Human Rights Law Journal* (págs. 76-87).

HIGGINS, P. (2012). *Earth is our Business. Changing the rules of the game.* London UK: Shepheard-Walwyn (Publishers) Ltd.

HIGGINS, P., SHORT, D., & SOUTH, N. (2013). Protecting the planet: A proposal for a law of ecocide. *Crime, Law and Social Change*, 251-266.

INDEPENDENT EXPERT PANEL FOR THE LEGAL DEFINITION OF ECOCIDE. (2021). *COMMENTARY AND CORE TEXT.*

INTERGOVERNMENTAL PANEL ON CLIMATE CHANGE. (2023). *Longer Report of the IPCC sixth assessment report. ICC AR6 SYR.*

INTERNATIONAL CRIMINAL COURT. (20 de Mayo de 2024). *Statement of ICC Prosecutor Karim A.A. Khan KC: Applications for arrest warrants in the situation in the State of Palestine.* Obtenido de https://www.icc-cpi.int/news/statement-icc-prosecutor-karim-aa-khan-kc-applications-arrest-warrants-situation-state. Consultado el 18 de junio de 2024.

JORGENSEN, N. (2005). *The Responsibility of the States for International Crimes.* Oxford University Press.

KUWALI, D. (2015). Acquisition of autonomy Application of the right of self-determination in Africa. En S. S. Wassara, & R. Bereketeab, *Self-Determination and Secession in Africa: The Post-Colonial State* (págs. 20-37).

LAY, B., NEYRET, L., SHORT, D., BAUMGARTNER, M., & OPOSA, A. (2015). Timely and Necessary: Ecocide Law as Urgent and Emerging. *Journal Jurisprudence*, 431-452.

LIGUE IVOIRIENNE DES DROITS DE L'HOMME (LIDHO) AND OTHERS VS REPUBLIC OF CÔTE D'IVOIRE, APPLICATION NO. 041/2016. JUDGMENT (AFRICAN COURT ON HUMAN AND PEOPLES'RIGHTS 5 de September de 2023).

LYTTON, C. H. (2020). Environmental human rights: Emerging trends in international law and ecocide. *Environmental Claims Journal*, 73-91.

MACHICADO, J. (2010). Concepto del delito. *Apuntes jurídicos*, 1-9.

MALUWA, T. (2002). INTERNATIONAL LAW-MAKING IN POST-COLONIAL AFRICA: THE ROLE OF THE ORGANIZATION OF AFRICAN UNITY. *Netherlands International Law Review, 49*, 81-103.

MATALLÍN EVANGELIO, Á. (2022). Mapas delictivos, delitos contra la biodiversidad y responsabilidad penal de las personas jurídicas: una reforma necesaria del código penal. *Revista de derecho penal y criminología*, 383-431.

MATALLÍN EVANGELIO, Á. (2013). *Delitos relativos a la protección de la biodiversidad.* Valencia: Tirant Lo Blanch.

MEISENBERG, S. M. (2013). Part II. Approach to Individual Criminal Responsibility. En C. Ed. Chernor Jalloh, *The Sierra Leone*

Special Court and Its Legacy: The Impact for Africa and International Criminal Law (págs. 67-190). Cambridge University Press.

MINKOVA, L. G. (2023). The Fifth International Crime: Reflections on the Definition of "Ecocide". *Journal of Genocide Research*, 62-83.

MORELLE HUNGRÍA, E. (2020). Ecocriminología, la necesaria visión ecosistémica en el siglo XXI. *Revista Electrónica de Criminología*, 1-14.

NACIONES UNIDAS. (Diciembre de 2000). Convención de las Naciones Unidas contra la Delincuencia Organizada Transnacional. Palermo, Italia.

NACIONES UNIDAS. (6 de Septiembre de 2023). *Noticias ONU.* Obtenido de Noticias ONU Mirada global Historias humanas: https://news.un.org/es/story/2023/09/1523837.

NACIONES UNIDAS.(2019). DETERMINADAS ACTIVIDADES REALIZADAS POR NICARAGUA EN LA ZONA FRONTERIZA (COSTA RICA c. NICARAGUA) Y CONSTRUCCIÓN DE UNA CARRETERA EN COSTA RICA. En *Resúmenes de fallos, opiniones consultivas y providencias de la Corte Internacional de Justicia (2013-2017)* (págs. 160-180).

NACIONES UNIDAS. (24 de Mayo de 2024). *Noticias ONU.* Obtenido de La Corte Internacional de Justicia ordena a Israel detener la ofensiva en Rafah: https://news.un.org/es/story/2024/05/1530011. Consultado el 18 de junio de 2024.

NEYRET, L. (2014). Pour la reconnaissance du crime d'écocide. *Revue juridique de l'environnement*, 177-193.

NEYRET, L. (2022). Réveiller l'écocide. *Reveu de science criminelle et de droit pénal comparé*, 767-777.

NIERA, H., RUSSO, L. I, & ÁLVAREZ, B. (2019). Ecocidio. *Revista de Filosofía. Vol 76.*, 127-148.

NYKA, M. (2022). Crime against the natural environment –ecocide – from the perspective of international law. *Eastern European Journal of Transnational Relations*, 9-16.

O´KEEFE, R. (2017). The concept of an International Crime. En R. O´Keefe, *International Criminal Law* (págs. 47-84).

OGONI VS. Nigeria, Comunicación N° 155/96 (Comisión Africana de Derechos Humanos y de los Pueblos 27 de Mayo de 2002).

ORGANIZACIÓN DE NACIONES UNIDAS. (20 de noviembre de 2023). Obtenido de https://www.un.org/es/about-us#:~:text=Estados-, Miembros, miembro%20de%20la%20Asamblea%20General.

ORGANIZACIÓN MUNDIAL DEL COMERCIO. (1998). *Informe del Órgano de apelación.*

PACTO DE GLASGOW. (2021).

PACTO INTERNACIONAL DE DERECHOS ECONÓMICOS, SOCIALES Y CULTURALES. (16 de Diciembre de 1966).

PARLAMENTO EUROPEO. (10 de Marzo de 2021). Diligencia debida de las empresas y responsabilidad corporativa. *Resolución del Parlamento Europeo, de 10 de marzo de 2021, con recomendaciones destinadas a la Comisión sobre diligencia debida de las empresas y responsabilidad corporativa (2020/2129 (INL)).*

PARLAMENTO EUROPEO. (21 de Abril de 2004). DIRECTIVA 2004/35/CE. *Sobre responsabilidad medioambiental en relación con la prevención y reparación de daños medio ambientales.*

PARLAMENTO EUROPEO. (19 de Noviembre de 2008). DIRECTIVA 2008/99/CE. *Relativa a la protección del medio ambiente mediante el Derecho penal.*

PARLAMENTO EUROPEO. (24 de Abril de 2024). Diligencia debida de las empresas en materia de sostenibilidad. *Resolución legislativa del Parlamento Europeo, de 24 de abril de 2024, sobre la propuesta de Directiva del Parlamento Europeo y del Consejo sobre diligencia debida de las empresas en materia de sostenibilidad y por la que se modifica la Directiva (UE).*

PEÑA CHACÓN, M. (12 de Diciembre de 2023). *Los principios de la objetivación de la tutela ambiental e irreductibilidad de espacios sometidos a régimen especial de protección y su relación con la prohibición de retroceso.* Obtenido de https://huespedes.cica.es/gimadus/25/06-los_principios_de_objetivacion_de_la_tutela_ambiental.html.

PEREIRA, R. (2020). After the ICC Office of the Prosecutor's 2016 Policy Paper on Case Selection and Prioritisation: Towards an International Crime of Ecocide? *Criminal Law Forum*, 179-224.

PÉREZ VAQUERO, C. (2009). El crimen ecológico internacional. *Sociedad Mexicana de Criminología. Vol 7.*, capítulo Nuevo León.

PÉREZ VAQUERO, C. (23 de Febrero de 2023). Obtenido de ¿EXISTE EL CRIMEN ECOLÓGICO INTERNACIONAL?: https://huespedes.cica.es/gimadus/19/03_carlos_perez_vaquero.html.

PRAKASA, S. U. (2021). ECOCIDE CRIMES & OMNIBUS LAW: REVIEW OF INTERNATIONAL LAW AND ITS IMPLICATIONS ON INDONESIA LAW. *Journal Dinamika HAM (Journal of Human Rights)*, 14-20.

PRESIDENCIA DE LA CORTE INTERAMERICANA DE DERECHOS HUMANOS. (22 de Febrero de 2024). Resolución de la Presidenta de la Corte Interamericana de Derechos Humanos. *SOLICITUD DE OPINIÓN CONSULTIVA OC-32 PRESENTADA POR LA REPÚBLICA DE CHILE Y LA REPÚBLICA DE COLOMBIA SOBRE EMERGENCIA CLIMÁTICA Y DERECHOS HUMANOS.*

PROPUESTA DE CONVENCIÓN INTERNACIONAL CONTRA EL ECOCIDIO. (2019). Roma.

PROTOCOLO DE KYOTO. (1997).

PROTOCOLO DE MONTREAL. (1987).

PROTOCOLO I ADICIONAL A LOS CONVENIOS DE GINEBRA RELATIVO A LA PROTECCIÓN DE VÍCTIMAS DE LOS CONFLICTOS ARMADOS INTERNACIONALES. (1977).

PROTOCOLO II ADICIONAL A LOS CONVENIOS DE GINEBRA RELATIVO A LA PROTECCIÓN DE LAS VÍCTIMAS DE LOS CONFLICTOS ARMADOS SIN CARÁCTER INTERNACIONAL. (1977).

RELATOR ESPECIAL SOBRE LA PROMOCIÓN Y LA PROTECCIÓN DE LOS DERECHOS HUMANOS EN EL CONTEXTO DEL CAMBIO CLIMÁTICO. (2022). *Promoción y protección de los derechos humanos en el contexto de la mitigación del cambio climático, las pérdidas y los daños y la participación.*

RELATOR ESPECIAL SOBRE LA PROMOCIÓN Y LA PROTECCIÓN DE LOS DERECHOS HUMANOS EN EL CONTEXTO DEL CAMBIO CLIMÁTICO. (2023). *Análisis de enfoques para mejorar la legislación en materia de cambio climático, apoyar los litigios climáticos y promover el principio de justicia intergeneracional.*

RELATOR ESPECIAL SOBRE LA PROMOCIÓN Y LA PROTECCIÓN DE LOS DERECHOS HUMANOS EN EL CONTEXTO DEL CAMBIO CLIMÁTICO. (2023). *Ofrecer opciones jurídicas para proteger los derechos humanos de las personas desplazadas a través de fronteras internacionales debido al cambio climático.*

RODRÍGUEZ GARCÍA, N. (2016). Responsabilidad del Estado y cambio climático: El caso Urgenda contra Países Bajos. *Revista Catalana de Dret Ambiental. Vol. VII Núm. 2*, 1-38.

RODRÍGUEZ, G. (2014). Artículo 29. Normas de interpretación. En K. A. Stiftung, *Convención Americana sobre Derechos Humanos* (págs. 706-714). Editorial Temis.

RUÍZ POVEDA, J. (2024). RECENSIÓN DEL LIBRO EL DERECHO PENAL Y LA POLÍTICA MEDIOAMBIENTAL DE LA UNIÓN

EUROPEA (ÁLVARO ALZINA LOZANO). *Revista General de Derecho Penal*, 25.

SALVIOLI, F. (2004). La protección de los derechos económicos, sociales y culturales en el sistema interamericano de derechos humanos. *Revista IIDH 39*, 101- 167.

SANZ MULAS, N. (2022). Suicidio ecológico e impunidad. La urgencia de una justicia penal efectiva frente al desastre. *Revista Electrónica de Ciencia Penal y Criminología*, 1-43.

SANZ RUBIALES, I. (2020). Una aproximación al mercado de derechos de emisión através de los conflictos judiciales. En A. J. Ambiental, *LIBRO DE ACTAS. VIII CONGRESO NACIONAL DERECHO AMBIENTAL (VULNERABILIDAD AMBIENTAL)* (págs. 61-84). Sevilla: CIEMAT.

SERRA PALAO, P. (2019). ECOCIDIO: LA ODISEA DE UN CONCEPTO CON ASPIRACIONES JURÍDICAS. *REVISTA CATALANA DE DRET AMBIENTAL Vol. X Núm. 2*, 1-45.

SERRA PALAO, P. (2020). Cómo hacer frente a la impunidad ambiental: hacia una convención internacional contra el Ecocidio. *Actualidad Jurídica Ambiental. No. 100*, 1-31.

SIVAKUMARAN, S. (2013). Command Responsibility in the Sierra Leonean Conflict: The Duty to Take Measures to Prevent Crimes and Punish the Perpetrators. En C. Chernor Jalloh, *The Sierra Leone Special Court and Its Legacy: The Impact for Africa and International Criminal Law* (págs. 128-143). Cambridge University Press.

SOLER FERNÁNDEZ, R. (2017). El ecocidio ¿crimen internacional? *Instituto Español de Estudios Estratégicos*, 1-14.

STEINER, C., & URIBE, P. (2014). Introducción General. Convención Americana sobre Derechos Humanos. En K. A. Stiftung, *Convención Americana sobre Derechos Humanos* (págs. 2-17). Editorial Temis.

STHAN, C. (2019). *A critical Introduction to international criminal law.* Cambridge University Press.

TEKAYAK, D. (2016). Protecting Earth Rights and the Rights of Indigenous Peoples: Towards an International Crime of Ecocide. *Fourth World Journal*, 5-13.

U.S. DEPARTMENT OF STATE. (19 de febrero de 2021). *Departamento de Estado de los Estados Unidos. Oficina del Portavoz. Comunicado de Prensa. Declaración del Secretario de Estado, Antony J. Blinken.* Consultado el 21 de diciembre de 2023, Obtenido de: https://www.state.gov/translations/spanish/estados-unidos-se-reincorpora-oficialmente-al-acuerdo-de-paris/#:~:text=El%2020%20de%20 enero%2C%20en, a%20ser%20Parte%20hoy%20oficialmente.

UNITED STATES OF AMERICA. (4 de November de 2019). Reference: C.N.575.2019.TREATIES-XXVII.7.d (Depositary Notification). United States of America.

VAN DER LINDEN, M. (2016). A Reflection on the Nature of International Law: Redressing the Illegality of Africa's Colonization. En M. Van der Linden, *The Acquisition of Africa (1870–1914). The Nature of International Law* (págs. 245- 281).

VAN DER LINDEN, M. (2016). New Imperialism: Imperium, Dominium and Responsibility under International Law. En M. Van der Linden, *The Acquisition of Africa (1870–1914)* (págs. 1-33). Studies in the History of International Law.

VAN DER WILT, H. (2013). Command Responsibility in the Jungle: Some Reflections. En C. Chernor Jalloh, *The Sierra Leone Special Court and Its Legacy: The Impact for Africa and International Criminal Law* (págs. 144-158). Cambridge University Press.

VARELA TABARES, J. A. (2021). El ataque sistemático contra defensores/as de Derechos Humanos en asuntos ambientales en Colombia. *Trabajo de Grado de Maestría.* Bogotá D.C, Colombia: Repositorio Universidad Santo Tomás.

VERCHER NOGUERA, A. (2003). Evolucion Jurisprudencial del Delito contra el Medio Ambiente. *Revista Jurídica de Castilla y León,* 223-260.

VERCHER NOGUERA, A. (2018). Aspectos procesales de los delitos contra el medio. *Revista Jurídica de Castilla y León,* 187-215.

VERCHER NOGUERA, A. (2018). Constitución, medio ambiente y la correspondiente especialidad en el seno del Ministerio Fiscal. *Revista del Ministerio Fiscal,* 335-350.

VERCHER NOGUERA, A. (2024). *Tropiezos éticos y prácticos en la protección penal del medio ambiente.* Valencia: Tirant Lo Blanch.

WERLE, G., & JESSBERGER, F. (2014). Part Two: General Principles. En G. Werle, & F. Jessberger, *Principles of international criminal law* (págs. 165-287).

WHYTE, D. (2021). Ecocide: Kill the Corporation Before It Kills Us. *Manchester University Press,* 967-970.

ZOLLMANN, J. (2018). African International Legal Histories- International Law in Africa: Perspectives and Possibilities. *Liden Journal of International Law, 31,* 897-914.